Becoming

Nicol

The Transformation of an American Family

變身妮

不一樣又如何？
跨性別女孩與她家庭的成長之

Amy Ellis Nutt
普立茲獎得主　愛爾·埃利絲·諾特
葉佳怡——譯

Becoming

目錄

獻給凱莉、韋恩、喬拿斯與妮可

那些無須以我們一己之力解密、闡釋，甚至不必檢視就得已清楚明白的自我，其實都不屬於我們；反而是奮力理解我們的曖昧內裡，得來那些他人所不明白的知識，才真正屬於我們。

——馬塞爾．普魯斯特（Marcel Proust），《追憶似水年華》（*Time Regained*）

一股創造之流通過體內血液，他可以無止盡地改變下去。他成為鹿、成為魚、成為人類、蛇、雲朵和飛鳥。他在每個新形體中都是一組完整的雙生體，同時擁有月亮與太陽，體內也存在男人與妻子。他如同一道雙生之流穿越大地，如同在蒼穹閃耀的一顆雙星。

——赫爾曼．黑塞（Hermann Hesse），《皮克托變形記》（*Pictor's Metamorphoses*）

一切都會改變。（Omnia mutantur）

——奧維德（Ovid），《變形記》（*Metamorphoses*）

序曲

鏡中倒影

這孩子顯然入迷了。他以腳趾點地，笨拙地拖著穿了涼鞋的雙腳，努力跳著一支有點彆扭的舞。他不停旋轉，但眼睛不管鏡頭，而是對著黑色烤爐的閃亮玻璃門——對於兩歲孩子而言，那門的高度正好。懷特光著上身，後腦杓鬆垮戴著一頂帽子，脖子上則掛了條馬蒂・格拉斯嘉年華風的彩珠。不過真正讓他沉醉的，也是使此刻無比夢幻的，則是粉紅蓬裙上的閃爍亮片，隨著他每次旋轉，那些銀色閃光就會一陣陣點亮小男孩沉浸於自己倒影的臉龐。

「這是懷特最愛的消遣之一——在烤爐門口跳舞，」攝影機背後的有人開口說話。「他剛拿到這條新裙子、波希米亞風項鍊和帽子，第一次穿……對鏡頭揮揮手，小懷。」

懷特可能沒聽到父親說話，也可能他聽見了，但因為某種理由選擇忽略，只是繼續前後搖擺，眼光從來沒從自己閃亮的倒影移開。最後，小男孩好不容易回應了父親的要求——算是吧——他稍微轉頭，害羞地抬眼盯著父親，然後發出一些喜悅的叫聲。這是一個孩子表達極端快樂的方式，但韋恩・梅因斯想要的不是這個。

「秀出你的肌肉，小懷。可以讓我看看你的肌肉嗎？」他催促自己的兒子。

突然之間，懷特變得很不自在，雙眼緩慢從父親臉上移開，望向廚房另一側的某個東西，也可能什麼都沒在看——總之在攝影機拍攝範圍之外。他猶豫了，不確定該怎麼做，然後再次忽略父親，轉回烤爐前擺了個姿勢，心不甘情不願的樣子：他伸出兩個小拳頭撐住下巴，勉強擠出不存在的肌肉。他知道那不是他父親想要看到的，但似乎無法擺脫自己倒影的魔咒。

「秀出你的肌肉給我看。過來這裡。秀給我看。」

韋恩有點沮喪了。

「讓爹地看看你的肌肉呀，像這樣。過來這裡，懷特，秀出你的肌肉給我看。」

終於，他的呼喊得到回應。懷特再次轉向父親，雙手仍撐著下巴，手臂緊靠身側，抬頭望向他。不過也只有這樣。韋恩．梅因斯能得到的就是這樣了。小男孩的表情半是叛逆、半是抱歉，之後又轉身面對烤爐。

「好吧，這就夠了。」失望的父親關掉攝影機。

在愛之前，在失去之前，在渴望成為某種人之前，我們不過是於空間中呼吸的一具具身體——「粗暴、肥壯、多慾」，詩人華特．惠特曼曾如此描寫。我們無法逃避自己的身體，正如無法逃避吸引你的人。不過，如果我們被自己的身體定義，表示也無法擺脫他人的身體。對於嬰兒而言，一具能夠直立、移動的人體一定比任何手搖鈴或玩具更有意思：六個月的嬰孩連話都講不清楚，但已能分辨男體與女體之間的差別；一個發燒的嬰孩將頭枕在母親的胸口時，為了替孩子降溫，她的身體會稍微冷卻下來；如果將早產兒的耳朵靠在母親的心口，就算凌亂的心跳也會找到正確節奏。

在我們成長、成熟並開始擁有自我意識的過程中，我們被教導外在——呈現我們模樣的外表——完全比不上內在重要。但美仍誘惑著我們。人類總是下意識地受到均衡與美學所吸引。簡單來說，我們就是身體的動物，甚至自戀。身為哲學家與心理學家的威廉．詹姆斯曾寫道，「人類最可感知的自私就是『身體的自私』，而『最可感知的自我』也是身體。不過，人並不是因為對身體有所認同才愛自己的身體，而是因為愛身體，才對其有所認同。」

那麼，要是一個人不愛自己的身體，會發生什麼事？你要如何佔據一個實體空間，且在空間中以這個身體**存在**，但同時又對其感到疏離？

在懷特．梅因斯和他的同卵雙胞胎喬拿斯出生的頭幾年，兩人被拍攝了十幾部紀錄影片，一開始他們住在紐約州東北的阿第倫達克山脈，後來搬到緬因州的郊區。他們一出生就被凱莉和韋恩領養，這對沒有其他孩子的夫妻對他們投注了所有關愛，並用影像記錄了他們的大小事：他們在浴缸中彼此潑水，一起踩踏雨水積成的水窪，也在聖誕節的早晨肩並肩拆禮物。凱莉不希望兩個男孩為了禮物吵架，所以一個人有的東西，另一個人肯定也有，甚至連慶祝生日的蛋糕蠟燭也是。因此，一歲生日時，他們的蛋糕上有兩支蠟燭，一人一支。兩歲時就有四支蠟燭。凱莉會同時送他們傳統和非典型的玩具，所以在聖誕節與生日時，兩人都收到了大型黃色卡車、溜冰芭比娃娃，以及大麥町小狗的電動玩偶。

兩人一開始都頂著小瓜呆頭、穿吊帶褲和法藍絨襯衫，你很難分辨誰是誰，頂多就是懷特的臉稍微圓一些。不過凱莉和韋恩沒過多久就發現了他們之間的差異。包尿布又吸奶嘴的懷特每天早上會站在媽媽旁邊，模仿她做皮拉提斯的動作，練習過程中通常抓著一個芭比娃娃，時不時還會為了看她的金色長髮在陽光下閃爍而甩動。有時他會把連身睡衣解開，讓衣服的上半身往兩邊如同洋裝般垂下。

凱莉和韋恩知道懷特的情緒起伏比喬拿斯來的大。他有時候會對自己的哥哥發火，彷彿光是他的存在都讓他挫敗。情況不只如此。每當凱莉晚上替兩個孩子洗澡時，都會發現懷特盯著掛在浴室門內側的長鏡子，就連她脫下喬拿斯的衣服、把他放進浴缸，也會看到懷特全裸地呆站於鏡子前。這個兩歲孩子究竟看見了什麼？他自己？他的同卵雙胞胎？我們無從得知，當然也無法問懷特。不過這孩子確實常對自己的倒影感到困惑，不確定在鏡子裡盯著自己的人是誰，眼神似乎蘊含一種高深莫測的痛楚。他似乎感到緊繃、焦慮，彷彿心揪成了一個結，而他不知該如何解開。

我們出生時都帶著屬於自己的特徵、特色與足以讓他人辨認的身體標記，以方便別人說出「他是個男孩」或「她是個女孩」之類的句子。然而沒有人一出生就擁有自我意識。兩歲的孩子會認出鏡中的自己，但猩猩和海豚也可以，就連低階的蛔蟲都能僅靠一根神經將自己與環境區別開來，但「我們是誰」、「我們是什麼」——也就是我們的本質——卻無法在大腦裡找出一個地方、一塊灰質區域、或一系列神經電波活動供人指出：啊哈，就是這兒，這就是我的自我，這就是我的靈魂。

不過對於將男孩們從醫院帶回家的凱莉與韋恩而言，所有關於「我們是誰」的自我探問都屬於未來。這對父母將這對同卵雙胞胎男孩視為意外的大禮。因為無法生育孩子，靠著這兩個小小的、完美的男性**人類**，他們覺得擁有了屬於自己的美國夢。尤其韋恩，他渴望儘快為兩個男孩買下人生的第一把來福槍、第一根釣魚竿以及第一副棒球手套。這是他的家族傳統，一定要維持下去。

「我是誰」不只關於我們對自己的看法，更牽涉別人看待我們的眼光。我們可能被愛、被碰觸、被讚賞、被排擠、被稱讚、被蔑視、被安撫或被傷害，但在這一切發生之前，我們會先被觀看：人們透過身體的輪廓、膚色和動作來辨認我們。W．E．B．杜波依斯是一位非裔美籍的作家兼知識分子，他於一九〇三年發表的宣言〈黑人同胞的靈魂〉（*The Souls of Black Folk*）中提到一種雙重意識，一種屬於「黑人」（Negro）種族的二重性，「永遠透過他人的眼睛凝視自我，用世界的尺度丈量自己的靈魂，而世界只是帶著興味盎然的輕蔑與憐憫旁觀著。」他相信，在美國的非裔美籍族群歷史其實類似「一場衝突——渴望獲得足以自我意識到的男子氣概，也渴望將雙重自我融合成一個更好、更真實的自我……他只是希望能同時是一個黑人及一個美國人，且不被自己的同胞詛咒、吐口水。」

每個人都想要尊嚴、自尊及被公平對待的權利。但杜波依斯知道，那些因為膚色（或其他人所說的性傾向及性別）而與社群疏離的人們，走在一條更艱困的道路上。這些感到疏離、分化且無法融入社會的人勢必得承擔一個無聲的問題，那是即便社會中最有禮之人也始終準備在唇間的：

「身為一個麻煩，感覺如何？」

耶和華卻對撒母耳說：「不要看他的外貌和他身材高大，我不揀選他。因為，耶和華不像人看人：人是看外貌；耶和華是看內心。」

——撒母耳記上 16:7

一、故事開始

1 同卵雙胞胎

懷特與喬拿斯．梅因斯在子宮內的第六個月就已經完全成形。一九九七年七月七日，在靠近紐約北村（Northville）一間診所所拍的超音波影片中，一名胎兒拱著背，彎曲脊柱的陰影中能清楚看見每一根脊骨。超音波技師用箭頭依序指出他的頭、軀幹及雙腿。此時一隻小小的手揮動起來，在羊水裡顯得放鬆，微小手指極輕微地晃動，彷彿正在演奏一首鋼琴曲。在影片的第四十五秒，技師用箭頭指出另一名雙胞胎模糊的性器官，然後在螢幕上打出「又是個男孩！」技師只是想搞笑，畢竟他們是同卵雙胞胎，DNA組成完全相同，性別本來就一樣。另外一個怎麼可能不是男孩？

六個月之後，韋恩和凱莉終於把這對新生雙胞胎抱在懷裡。當時這對夫妻結婚五年，凱莉在前三年多次流產，之後又經歷了漫長無趣的不孕治療。不過在一九七七年初，一切都改變了，她幾乎不認識的十六歲遠房表妹莎拉打電話來，表示自己「有了麻煩」，她不想墮胎，但要獨力撫養孩子又太年輕，想問韋恩和凱莉能否考慮領養？

凱莉在中西部長大，成長背景一點也不傳統。據她所知，她的家族起源於印第安那州麥迪遜鎮，就在俄亥俄河北側河床的石灰岩峭壁。麥迪遜鎮於一八〇九年建立，大約在肯塔基州的路易斯維爾市與俄亥俄州的辛辛那提市中間，十九世紀中期，麥迪遜曾是一個如日中天的河川小鎮。在幫助黑奴逃脫的地下鐵路線上，麥迪遜是重要的第一站，更早在一八二〇年代初期就成為解放黑奴的重鎮。一九五八年，當好萊塢將作家詹姆斯・瓊斯（James Jones）的自傳小說《作家之道》（*Some Came Running*）拍為電影時，此地被選作他古雅的中西部家鄉。根據傳言，本片主角法蘭克・辛納屈（Frank Sinatra）因為擔心拍片時會被困在這個「鄉土」小鎮，所以特地說服他的好兄弟狄恩・馬汀（Dean Martin）接演配角。

當時的俄亥俄州仰賴汽船上上下下地運送貨物，凱莉的祖父便是麥迪遜當地的腳踏船長。他帶著第一任太太在那裡落腳，和她離婚後又和凱莉的祖母結婚。凱莉的祖母是九個小孩中的大姊，父親在她還是青少女時就拋棄了家庭，沒過多久，為了幫助母親養育弟妹，她去了手套工廠工作。十九歲時和凱莉的祖父結婚，一半為了愛，一半則是為了擺脫得養育這麼多小孩的困境。沒過多久，他們夫妻就搬到印第安納波利斯，凱莉的祖父在五月花搬家公司找工作，凱莉的祖母則在家照顧三個女兒及一個兒子。她的祖父母都有德國血統，抱持的價值觀與禮儀也反映了文化傳承——實事求是、勇於認錯，且絕不胡說八道。於是凱莉從小就學了許多類似風格的說詞，像是「壽衣沒有口袋」代表錢財是身外物，以及「難為母雞啄石頭」代表看見了難以相信的事物。

她的家族中沒有女人深信「男人較優越」的流行觀念，也不認為「淑女」就該遵循特定規則，當然也不相信行為舉止都必須以社會是否接受為前提。或許也是因為如此，即便曾有人說他們是雜種家庭，凱莉對於家族的出身卻仍無比坦白。對於凱莉和她的親戚而言，一切都再自然不過了。根據她的生母羅珊（Roxanne）所言，凱莉的生父跟羅珊只是一夜情，而凱莉兩歲時，也就是一九六三年，羅珊就問姊姊唐娜是否願意收養這個小女孩。

唐娜是個心思敏銳且對生涯有野心的女性，但生命經驗充滿挫敗。如果生在不同時代，她可能成為醫生或律師，卻不幸成長於家長不認為女兒得受大學教育的年代。唐娜曾在旅行社工作過，幾年後孩子離家獨立，她便進入護校就讀，每科成績都拿A。因此，凱莉從唐娜身上學到「努力爭取就能得償所願」的精神。唐娜不太擅於母職，但仍在擁有一個女兒的情況下接手了羅珊的女兒。「我就像飼主快被第一隻狗逼瘋時領養的第二隻狗，」凱莉笑著說。她成長於一間總是非常整潔的房子內，桌上永遠有食物。晚上五點準時開飯，要是有孩子沒準時就完蛋了。

唐娜非常愛孩子——她後來又生了兩個男孩——但她的工時很長，沒有太多時間與精力在情感上陪伴孩子。不過凱莉和她的手足並不在乎，對他們而言，只要知道每天晚上有地方安睡就夠了。到了凱莉二、三十歲的階段，羅珊偶爾會為了把她送人領養的決定來電道歉，但凱莉心中毫無怨氣，真誠地表示沒有這個必要。她認為那是個正確的決定。羅珊試圖自己養育的孩子後來都過得很艱辛。

凱莉在十七歲時離家，當時她還沒從高中畢業，但相信總有一天會回頭完成學業。她在印第安納還有路易西安納「沙發旅行」了一陣子，之後又跟外祖母住了一段時間，並在那時回高中就讀，只花了一學期就學成畢業。然而，她像母親一樣不認為自己有機會上大學，所以完全不知道下一步該怎麼走。唐娜在凱莉十一歲時與丈夫離婚，所以凱莉也和父親在路易西安納住了一段時間——那裡只要十八歲就能合法飲酒。她交了幾個朋友、換了幾份工作，整體而言度過一段快樂時光。接下來幾年她到全國各處旅行，沿途靠打工賺取旅費，最後在二十歲出頭時來到加州，但單靠藍領薪水勉強支付開銷實在不是凱莉想要的人生。

她決定重返校園，在杭丁頓海灘（Huntington Beach）一間名叫黃金西部的社區大學修了幾門課。她本來不急著長大，但一個朋友的男友暗自醞釀著從藥頭那裡偷藥的計畫，等發現他幹了什麼好事後，她氣壞了。當時她二十四歲，而這一刻成為她人生的分水嶺——她意識到自己還在和別人分租公寓、做著低薪工作、週末開趴，一切都不是她想像中的人生。她的人生常會出現提醒自己成長的階段，或者所謂的過渡期，而這次她也確實因此成長，速度還挺快的。

隨處晃蕩的人生結束了。她不能只專注於現在，還得放眼未來。她努力在社區大學學習，拿到了黃金西部的文科副學士學位，又很快地得到一個去環境顧問公司面試的機會。在面試過程中，她坦承自己沒有製圖經驗——這是此職位的必要條件——不過，她補充說明，她什麼都能畫。她得到了這份工作，而且很快就在一年內賺入三萬美金。

當這間公司決定搬到芝加哥時，凱莉發現自己又站在人生的十字路口上。她可以繼續在南加大修讀學士學位，也可以跟著公司搬到芝加哥。她從同事身上學到太多，除了環境產業知識外，她更明白作為專業技術人士的意義。於是她很快做出決定：她也要跟著前往東部。

搬到東部沒多久，上級就認可了她的知識與能力，要求她去學習更多有關地下水井與廢棄物處理的知識。於是在一九八九年七月，她啟程前往俄亥俄州的芬利參加為期五天的教育培訓課程，並在那裡遇見了韋恩．梅因斯。

研討會場地在當地一所大學，教師是一位多年前在化學火場被嚴重燒傷的前任消防員。課程非常漫長，還得全程穿戴全套防護衣，搞得十幾位學員每天疲憊不已，只能課後步履蹣跚地到最近的小酒吧喝點冰啤酒，一方面提振精神、一方面放鬆身心。某天晚上，凱莉和韋恩（當時是西維吉尼亞大學安全與健康訓練中心執行長，此中心現稱為安全與健康分部）一邊打撞球一邊聊到深夜，他們聊商場、聊政治，還有修習的課程。他們都來自小鎮，相處起來無比輕鬆。她喜歡他的健談、貼心以及自信，他則喜歡她的藍眼睛、輕快的笑聲及誠懇的個性。一個禮拜結束後，韋恩必須回到西維吉尼亞，凱莉得回芝加哥，但他們都希望能盡快找個時間見面。之後一整年，他們每個週末都在旅行，最後凱莉同意搬到西維吉尼亞摩根鎮（Morgantown），和韋恩一起住在有兩間臥房的聯式住宅中。

沒錯，韋恩．梅因斯就是個美國男孩。他一九五八年出生，在紐約州位於奧巴尼西北方四十英里處的哈加曼（Hagaman）長大。根據一八四〇年發行的紐約州地名辭典，哈加曼磨坊村（Hagaman's Mills，這個名字是在一七七七年確立）只有一間教堂、一間酒吧、一間商店、一間穀物磨坊、一間鋸木廠、一間地毯工廠，以及「大約二十五戶住家」。現在這個村莊的人口稍微多了一些，大概有一千兩百人散居在一英里半的土地上；但當地的習俗與價值觀仍非常郊區而老派。這裡一直到韋恩五歲時才有自來水可用，所以還留有一個取水井與茅房。冬天時的暖氣則是煤油爐。韋恩的臥房就位於客廳正上方，地板上的通風網格直接連接到樓下煤油爐，而煤油爐旁就是電視。所以韋恩只需要在就寢前稍微調整一下電視角度，就可以躺在臥房地板透過煤油爐的通風網格直接收看《羅溫與馬丁的喜劇小品》（*Rowan & Martin's Laugh-In*），完全不會被其他家人發現。

韋恩的父親比爾曾在紐約阿姆斯特丹的地毯賣場工作，之後通勤三十英里到沙拉多加（Saratoga）的通用磨坊食品公司工作，閒暇時常造訪當地的酒吧和賽馬場。比爾．梅因斯身材高瘦，曾打過半職業籃賽，但四十四歲時心臟病發作，之後幾乎無法負荷全職工作。

韋恩的母親名叫貝蒂，多年來為了養家做過許多工作，比如週末時打掃高檔美容院、當服務生，還賣雅芳的產品，曾有幾年下班後到皮革工廠做斯伯丁牌足球。韋恩每天回家時都會刻意走一條穿過工廠後方的小路，那時母親正在工廠內開始一天的第二份工作。通常他會喊她，然後問她，「媽，需要我幫忙煮晚餐嗎？」而她會大喊說晚餐已準備在流理台，他只需要拿去加熱，再弄點蔬菜給他和弟妹搭配就行了。他們的對話永遠以同樣方式結束——貝蒂．梅因斯會對韋恩微笑著說，「我愛你，明天早上見。」

因為成長於美國小鎮，韋恩擁有小鎮價值觀，對家庭與國家全心奉獻。對於韋恩而言，從父親身上學到的教訓都很簡單受用：不要隨便出手打架、不要放棄你的隊友、不要虛張聲勢、跟別人借東西之後要以更好的狀態返還（清潔、上油、調整過），此外，絕對、絕對不要在打牌時喝酒。

在成長過程中，韋恩曾和弟弟比爾隨著游牧嘉年華隊伍在美國東北遊蕩，並擔任他們的攬客員。有一次他們落腳紐約杭汀頓，當時韋恩十五歲，在一台名叫「拉鍊」的遊樂器材旁負責票亭工作。所謂「拉鍊」是將十幾部小車透過纜線連接於中柱，而中柱旋轉時小車便會垂直飛上天。某天晚上，一輛小車門把鬆了，於是旋轉升起的同時那扇門隨之甩開，兩名青少女從車內飛出。聽到尖叫後衝出去的韋恩試著接住其中一名飛向他的女孩，但她終究還是重重落地後摔斷脖子，當場死亡。另一名少女落入沙坑，傷得很重卻保住了性命。

韋恩不是沒有目睹過死亡。他會去打獵，但從未目睹有人在意外中身亡，更何況是這麼一個年輕生命毫無道理地消逝。他一直以為能夠掌握身邊世界，就算遇到討厭或不對勁的情況也有辦法改善或棄之不理。但對他而言，無法幫助眼前女孩的無助感是全新的體驗。他知道自己不可能跑得更快了，而有時候壞事就是會發生，你根本無法去追問「為什麼」或「如果重來一次……」但即便多年過去，他還是無法忘懷那名女孩躺在地上的扭曲身體。

韋恩在高中畢業加入空軍時首次遭遇認同危機。對於梅因斯家族而言，從軍是一項充滿榮耀又實際的傳統。畢竟這個家族裡沒人拿過大學文憑，但加入空軍可以學到一技之長，所以他在裡面登記擔任牙醫助手。駐守在阿拉斯加的費爾班克斯（Fairbankds）時，韋恩的工作是協助一名口腔外科醫生。那名男子是軍官，多話、固執，又勢利眼。某天韋恩和其他技師及護士在走廊休息，他經過時停下腳步，說要問韋恩一個問題。

「美國的副總統是誰？」

韋恩愣住了，尷尬地說他不知道答案。這位外科醫生轉向身旁一位內科醫生，用足以讓大家聽到的聲音說，「看吧，就跟你說了。」

他跟他說了什麼？韋恩很想知道。難道說他是個連美國副總統名字都不知道的蠢貨嗎？但他終究沒開口。問了又怎樣？他不知道那兩位醫生在停下腳步前究竟說了些什麼，而當時十九歲的他又太年輕、軍階也低，根本不敢開口詢問。唯一可以確定的是他當時一定羞愧地從臉紅到腳趾頭。純粹因為某個傲慢的外科醫生想拿他取樂，他在半打人面前被羞辱了。在那一刻，韋恩向自己發誓，這輩子絕不能再因為無知而成為他人取笑的對象。他本來一直以出身藍領家庭的老派男孩感到自豪，梅因斯家族也從未要求他們違逆自己的本性，但韋恩對自己來自紐約上城郊區的身分不再滿足。空軍的四年役期還沒結束，他就決定退伍後要靠著退伍軍人法案的福利註冊就讀大學。

他和之後結婚的太太一樣實際：首先在家附近的社區大學修讀副學士學位，並在大膽嘗試後成功申請進入康乃爾大學就讀。當時的他大約二十五歲，比大家年長讓他不太好過；在一九八〇年代自由開放的長春藤聯盟校園，身為極少數支持軍方的保守分子也很不容易。不過到了一九八五年，韋恩成功拿到自然資源科學的學士文憑，並準備好繼續往上挑戰。五年後，他又在西維吉尼亞大學拿到了安全管理的碩士與博士學位，當時他已定居當地，也愛上了凱莉。

不到三年，韋恩和凱莉就在印第安納州布魯明頓（Bloomington）的四風渡假村及碼頭（Fourwinds Resort & Marina）舉行了簡單的結婚儀式。婚禮上，凱莉穿戴長及小腿肚的白色洋裝和寬邊帽，韋恩則穿了燕尾服。他在婚禮當天非常自在，不但打了一輪高爾夫，還打了個瞌睡。他們到喬治亞州度蜜月，一開始是在奧克弗諾基國家野生動物保護區（Okefenokee National Wildlife Refuge）紮營，營地就在蘇威尼河（Suwanee River）和聖馬莉河（St. Mary's River）的發源處，接著又去傑奇島（Jekyll Island）後才結束了他們在薩瓦納城（Savannah）的旅程。回到西維吉尼亞過了一段時光後，他們又決定搬到紐約北村。住在那裡離韋恩的父母比較近，還能享有韋恩熱愛的郊區生活。

凱莉只見過遠親莎拉嬰兒時期的模樣。她是凱莉表妹潔妮絲的女兒，母親唐娜把凱莉和潔妮絲一起養大。潔妮絲還是少女時就生了孩子（莎拉是她的第二個孩子），這種家庭失能的模式成了代代相傳的傳統。她和羅珊一樣有過很多任丈夫與男友，也沒養過自己的孩子。莎拉就是由住在蒙大拿的生父與祖母養大，直到青少女時期才去田納西投靠母親。她非常聰明，有藝術天分，但也非常固執、魯莽。她夢想去讀大學，甚至希望成為獸醫。十六歲懷孕不在她的計畫之內，但這個家族的人確實常在「趕進度」。

韋恩與凱莉都憑藉意志改變了他們的生活，所獲得的成就超越了他們的家長。他們願意承擔走出文化舒適圈的風險，也不在意他人對自己的想法。因此，如果莎拉這通意料之外的電話給了他們組成完整家庭的機會，那就接受吧。說不定她無法懷孕是宇宙的意志。說不定這是一種神祕的平衡機制。她早在得知不孕治療無效後打算放棄，莎拉卻在此時打來，凱莉相信這是命運。說不定她就是在正確時刻迎接這個孩子的正確人選，如果沒有她，這孩子將在充滿混亂傳統的家族中失根漂流。

韋恩和凱莉很快就決定要養這個孩子。凱莉覺得莎拉的命運跟自己有些類似，而她比誰都明白，必須盡快讓未婚懷孕的青少女和肚子裡的小孩遠離有害的環境，因此，一旦決定收養莎拉的孩子，凱莉和韋恩就要求她前來，直到生產前都與他們同住。於是，懷孕四個月的莎拉在那年四月搬來北村。凱莉和韋恩希望莎拉住得舒服，也想確保她正確飲食並得到足夠的醫療照護，此外，凱莉也希望幫助莎拉獲得獨立生活能力，所以鼓勵她去申請駕照並修讀通識教育學位。

當時韋恩在斯克內克塔迪（Schenectady）一間化學工廠擔任健康、安全與訓練部門的總監，由於通勤距離長達五十英里，他常做與孩子有關的白日夢。之前的超音波照片顯示莎拉肚子裡懷的是男孩，所以韋恩不停幻想自己之後要和長子一起丟接球、投籃、並用來福槍獵鹿。

一九九七年春天的一個下午，韋恩正在開車返家途中，腦中滿是與長子玩耍的畫面，此時手機響了，是凱莉，她正在大吼，同時莎拉也在背景中大叫。他心想：噢老天，到底發生了什麼事？

「是兩個！是兩個！」

「什麼兩個？」

「是雙胞胎！」凱莉尖叫。「我們要有一對雙胞胎了！」

一切簡直美好得太不真實。這個多次流產的女人一直想要兩個小孩，而眼下立刻就能達成願望。然而，剛聽到消息的震驚與喜悅退去後，韋恩才想到：噢，不，到時候得同時面對兩個大學新生！他很興奮可以當爸爸，當兩個孩子的爸也沒問題，但所有作為父親應承擔的責任都加倍了。身為一名安全控管專家，他並不喜歡意外。他喜歡預先計畫、分析情勢，並評估所有的風險與後果，但現在一切都得從頭考量一遍。

之前他們一直在為迎接一個新生兒做準備，不知道照顧兩個會增加多少工作？他的腦中旋轉著各種思緒，然後發現自己被一陣令人暈眩的焦慮感淹沒。他深吸一口氣，把所有憂慮拋到腦後，等回到家擁抱凱莉時，韋恩臉上已經滿是笑容，心中想的也不再是之後得面對的雙倍開銷，而是可以擁有雙倍喜悅：兩副棒球手套、兩顆籃球、兩把來福槍！

2 我的男孩

一九九七年十月七日十二點二十一分，一個異常溫暖的秋日午後，在紐約北部格洛弗斯維爾市（Gloversville）的佛頓郡（Fulton），懷特・班傑明出生了。十分鐘之後，喬拿斯・柴伯狄亞也加入他的行列。兩名嬰兒都早產兩週，也都重五磅二盎司。韋恩和凱莉一直待在產房，醫生大約在早上九點時引產，莎拉拒絕使用止痛藥物，所以凱莉和韋恩在嬰兒出生時待在一旁緊握她的手。整個場面令人害怕又興奮。莎拉在排出胎盤時遇上困難，失了不少血。奇怪的是，雖然凱莉本來就有權在場，卻有種入侵他人隱私的感覺。兩個嬰兒相繼出生後，護士把他們放在凱莉與韋恩的懷抱中。感覺好不真實呀，凱莉想。他們都有著纖細的黑髮、世上最柔軟的粉色皮膚，以及好小好小的哭叫聲。

他們倆的名字不帶有任何特殊的家族意義。喬拿斯・柯佛是韋恩在紐約強斯鎮（Johnstown）佛頓—蒙哥馬利社區大學（Fulton-Montgomery Community College）中最喜歡的教授的名字。韋恩也喜歡柴伯狄亞這個老派的名字，本來想拿來為另一個孩子命名，但凱莉說服他接受比較傳統的名字：懷特。

三天後，凱莉、韋恩及莎拉帶著雙胞胎離開了醫院，但在那之前，護理人員先得確認新手家長知道如何餵奶及換尿布。輪到韋恩學習時，他深吸了一口氣，試著穩定自己的神經，好，我一定沒問題，在準備幫他們餵奶時，他不停反覆告訴自己，然後緩慢地把嬰兒抱起來，並記得用手撐住他們的頭，才開始哄他們吸奶瓶。

「別擔心，」護士說，「他們不會碎掉。」

韋恩那時候才意識到：他真的是個爸爸了。這兩個小男孩從此就要仰賴他與凱莉照顧了。在分別餵完兩個嬰兒後，韋恩小心地把他們輪流放在肩膀上拍嗝，在輕拍他們小小的背部時，他真的緊張得要命。

「我們可以一起擁有好多快樂時光，」他在兩個小男孩的耳邊悄聲說。「我們可以一起去打獵、釣魚。我會把我懂的一切都教給你們。」

「我的男孩，」韋恩不停唸著。他喜歡這句話唸起來的韻律，還在嬰兒出生後沒多久就告訴凱莉，「他們現在是你的男孩，但有一天，他們會變成我的男孩。」他講這話不是想要傷害凱莉，他解釋。他只是在用自己的方法強調：對於父親來說，在兒子成長的過程中——尤其是他們從男孩變成青少年、再變成年輕男子的這段時光——建立父子情誼是每個父親的夢想。他想幫助他們撐過特定的成長儀式，也想跟他們一起體驗一些「男人才懂」的事，那些事可能很蠢，像是為了運動比賽吵架，而媽媽應該不會對這些事有興趣。但父子關係就是這樣建立的，他說。

凱莉想到的則是眼前的問題。兩個孩子出生後一週，莎拉準備搭機回田納西的前一天晚上，凱莉開車載著她到奧巴尼。車程只有一小時，而凱莉希望能在他們分開之前好好聊一聊。雖然雙胞胎的誕生讓她很雀躍，但想到必須把莎拉送回狀態不穩的母親身邊，面對的又是充滿不確定性的生活，凱莉仍忍不住為她擔心。如果莎拉將來有希望離開田納西，凱莉希望她和韋恩能給予一些建議，因此，在奧巴尼時，凱莉帶莎拉去餐廳吃晚餐，席間兩人又說又笑，凱莉也感謝這個青少女為他們帶來如此美好的禮物。

「你現在可以自由地去過想要的生活了，」她說，「我們可以保持聯絡。如果願意的話，你也能參與這對雙胞胎的生活。」

開車回到北村的路上，凱莉的心情很複雜，她擔心莎拉未來的遭遇，但終於能以家長身分好好照顧這對雙胞胎也令她鬆了口氣。在此同時，她也覺得必須為可能的突發狀況作準備，畢竟事態瞬息萬變，她得面對所有可能的挑戰。莎拉並未表示想把孩子留在身邊，但凱莉得確保她放棄這個想法。要是莎拉真的想要孩子，凱莉也得有所準備。自從那兩名嬰兒被放在她的懷裡後，他們就已經屬於她和韋恩，而她會盡其所能確保情勢不會有所改變。

3 終於屬於我們

一九九八年八月二十一日，出生十個月的雙胞胎都拿到了第二份出生證明，這次上面寫了正式名字：喬拿斯．柴伯狄亞和懷特．班傑明。

兩個男孩很快就長得白胖、健康又快樂。凱莉在家照顧孩子，而韋恩則繼續到斯克內克塔迪（Schenectady）的化學工廠執行安全總監的工作。這段通勤路程真的很長，但連接北村與斯克內塔迪的主要幹線「三十號公路」沒什麼車流，所以在這段上下班的五十多英里途中，韋恩的夥伴只有隨機遇上的鹿。

那間化學公司當時在紐約有四座工廠，另外還有兩座在德州，海外工廠則有將近二十五座，員工人數約四百到五百人之間，每年銷售額大約有八億美金。他們生產的化學原料會用於許多工業與商品製程——全是其他公司不想生產的腐蝕性原料。這間公司的安全紀錄不太好。韋恩的工作就是要確保公司遵守所有法規，而他也很快做到了。在他的監管下，員工的公傷比例降到百分之二到三之間。

韋恩是這間公司的第一位安全總監，除此之外，這間公司的一切幾乎都瀰漫著過往氣息。

舉例來說，男子更衣室只提供毫無隱私的開放淋浴區，工人們老是用毛巾揮打彼此的屁股、一起嚼菸草，如果你是同志，這絕對不是你能放心出櫃的地方。

上任第一天，韋恩走進辦公室，就發現這個空間的前任主人在牆壁上貼滿《好色客》（*Hustler*）雜誌的插頁照片——而且全都護貝了。韋恩嚇壞了，當女性安全設備業務代表走進辦公室打招呼時，他更是窘困不已。

「拜託，拜託別進來，」韋恩試圖阻止對方看見那些色情圖片。「真的很抱歉。」

韋恩並沒有立刻和充滿鄉土味的員工與管理階層打成一片。他知道改變此處文化得花上一點時間，自己也得以身作則，同時，就算是空降人員，他也希望能被接納為公司的一分子。因此，當韋恩初次得為一份儲存槽內的焊接工作開出安全許可時，他決定和員工一起爬入那座曾裝滿腐蝕性甲醛和易燃液體的空間，「我跟你們一起去，」大家都說他沒義務這麼做，韋恩說他知道，但還是堅持跟去。他不希望只讓手下以身試險，而他只需要舒服地在辦公室裡開出那張安全許可。此外，他也必須取得關於各種危害的第一手資訊。這麼做也能讓他在雇員間的可信度大大提升。

工作之餘，韋恩與凱莉正努力修復兩人購入的一間農舍。這間農舍位於紐約北安普敦鎮的北村，在奧巴尼北部六十英里處的阿第倫達克山腳（Adirondacks）。北村座落於大薩肯達加湖

（Great Sacandaga Lake）尖端，一七八八年建立時，北安普頓正鎮因為捕魚營地的興盛而被稱為「魚屋」，不過今日北村只剩下約一千位居民，捕魚也只是當地的休閒活動。一九九七年分為上下兩集的影集《X檔案》中，探員史卡莉與穆德在大薩肯達加湖底發現了一架UFO，當時北村居民對於成為影集取材地感到驕傲。不過他們也甘於平凡。這是一個保守而重家庭的小鎮，而韋恩和凱莉就愛這樣。

雙胞胎出生六個月後，以前很少聯絡的莎拉的母親潔妮絲開始固定打電話來，一旦打來就講個不停，凱莉懷疑她在算計些什麼，而情況很快也變得明朗。原來她最近剛跟一位英格蘭人再婚，在英國住了一陣子後又回到田納西，在前幾通電話中，她告訴凱莉，「我們一定可以當最好的朋友。」又提到女兒莎拉正在跟一個吸毒的男人交往。之後潔妮絲又打電話來，表示她認為雙胞胎出生證明上的不是生父，而是另一個正在坐牢的男子，凱莉掛上電話後立刻聯絡韋恩。

「我認為她打算把孩子搶走。我要去辦護照。」辦理護照需要花上十八個月。但著手進行時，她是真心深信自己和韋恩可以立刻帶著兩個孩子遠走高飛。

幾天後潔妮絲又打電話來，這次對凱莉提出了建議。

「不如讓我們留下一個孩子？」

凱莉立刻打斷她。

「不行，事情不應該這樣進行，」她告訴她，「這兩個孩子不能分開，你要的話就兩個都帶走，不然一個都別想要。」

凱莉對這個威脅有信心，因為潔妮絲已經有四個孩子，再加上兩個嬰兒實在太辛苦了。凱莉的判斷正確，潔妮絲聽了便立刻打退堂鼓。

一九九八年五月十七日，凱莉與韋恩坐在北村的法庭前排，腿上坐著七個月大的雙胞胎。

「好，現在誰先來？」法官問。

「喬拿斯吧。」凱莉回答。

「很開心我們今天同時有兩件領養案，」法官宣布，「我們得確認你們是此案的父母……也需要確認孩子，啊，他們在這兒，就是他們。這正是我們聚集在此的原因。」

他們差點無法按規劃在今天辦好領養程序，或者說差點得延後，因為幾天前，懷特的臉、手臂、雙腿和身體上出現了許多紅點，凱莉本以為是水痘，如果確定，懷特得被居家隔離數日，而領養程序勢必得因此延後，同時延長他們擔憂的時間。就在開庭前一天，凱莉抱著懷特衝進醫生辦公室，心裡不只擔憂孩子生病，也擔心合法擁有雙胞胎的領養之路出現新的阻礙。不過醫生很快注意到紅疹在臉頰上呈現「像被打了巴掌」的分布模式，所以確認是孩童常見的第五種疾病：一種病毒感染，雖具傳染性，但紅疹出現表示感染已結束，沒什麼好擔心了。

法官在法庭上看著凱莉與韋恩，「舉起你們的右手，」他說，「請問你們的姓名？」

「凱莉・梅因斯和韋恩・梅因斯。」

「先生，你手中抱的是誰？」

「喬拿斯。」

「女士，你手中抱的是誰？」

「懷特。」

「這些文件上的簽名屬於你們嗎？」

「是的。」

「你們結婚了，是嗎？」

「是。」

凱莉和韋恩都點了點頭。

「每次跑這個流程時，我都會注意到男女有別，」法官想搞笑一下，「跟日期有關的事，最好還是問女性。你們結婚的日期是？」

凱莉回答，「一九九二年五月十六日。」

「我現在簽署領養令，你們兩人都會得到一份副本，我們也會將領養令寄送到合適的機構，他們會再寄新的出生證明給你們。喬拿斯的流程跑完了，恭喜。」

凱莉的母親唐娜及韋恩的父母都拍起手來，法庭上另外一些人也加入，接著法官又在第二份文件上簽了名。

「懷特的法律程序也走完了。恭喜你們。我知道這對你們而言是特別的一天，對我們也是。現在休庭。」

韋恩和凱莉抱著雙胞胎和站在中間的法官合照，接著法官也一手抱一個孩子對著相機擺出了大大的笑容。家裡已經備好甜點與香檳，就等大家回去慶祝，巧克力蛋糕上更用紅色糖霜寫了「終於，他們屬於我們了！」

凱莉和韋恩真心鬆了一口氣。他們不再需要護照。他們終於確定成為這對平凡、健康的雙胞胎男孩的父母了。

兩個嬰兒打從一開始就明顯有種肢體連結，似乎總是不想離彼此太遠。成長的頭一年，他們花了許多時間在客廳的遊戲圍欄裡彼此磨蹭，等到開始爬之後，他們會和家裡兩隻狗一起打瞌睡，其中一隻是杜賓與羅威納混種的「乙基」，另一隻是稍微混了其他犬種的德國牧羊犬「發射」。兩隻狗常彼此低吼拍打，兩個嬰兒也會模仿他們發出的低沉叫聲。

不過隨著他們開始搖搖晃晃地走路後，懷特開始喜歡所有和芭比娃娃有關的事物，喬拿斯則迷上《星際大戰》（*Star Wars*）、《金剛戰士》（*Power Rangers*）和巨石強森（Dwayne “The Rock” Johnson），他會花上好幾個小時用黏土創造出想像中的角色，再用隨手湊合的武器打爛。懷特常把不滿發洩在喬拿斯身上，喬拿斯則用玩具來發洩，從很小的時候開始，喬拿斯就是較為內向、又異常溫和的一個孩子。

雙胞胎在接近四歲時各自錄了一段交由執法機關保存的影像，負責監督的是紐約共濟會安全身分計畫，他們負責記錄孩童的關鍵資訊，以便在走失時能有所參考。影片中能清楚看出兩人差異。他們當時還沒上小學，輪流站在一根臨時湊合的量尺前（當時兩人身高都約一百〇七公分），被依序詢問了各自的學校、朋友、騎腳踏車的地方，以及要是躲避某人時會藏在哪裡。喬拿斯表示他會藏在前院的一棵樹後，興奮的懷特則表示會爬到屋頂；懷特最好的朋友是莉耶，而喬拿斯最好的朋友是媽咪和爹地；在被問到小名時，懷特回答懷特・柴伯狄亞・梅因斯，喬拿斯卻不知道該回答什麼，所以訪問者又問，「媽咪都怎麼稱呼你呢？」

「天使。」

兩個男孩最大的差異是在故事中選擇扮演的角色，喬拿斯永遠是「男孩」，懷特永遠是「女孩」，他喜歡扮演《仙履奇緣》中的灰姑娘、《綠野仙蹤》中的桃樂絲、《彼得潘》中的溫蒂，以及《小美人魚》中的主角愛麗兒。

懷特尤其迷戀愛麗兒，她是一隻美麗的紅髮美人魚，擁有一種迪士尼式的美豔——穿了比基尼的上半身露出連一點性解剖學功能都沒有的丁點乳溝。半人半魚的愛麗兒擁有閃亮的綠色鱗片，因此腰部以下確實是隻人魚，但腰部以上的她擁有一頭長髮和豐潤紅唇，完全是個女孩。

但有個問題。愛麗兒住在深海世界，卻渴望到陸地上生活，因此，每當在海浪之下凝視鏡子時，她只喜歡自己上半身的倒影，下半身卻顯得相較不合理。她渴望成為女孩，一名人類女性，一心只想擺脫她的人魚尾巴，因此總是不顧父親反對，一找到機會就浮上海面觀察那些搭船經過的人類。每當有船被風暴摧毀，愛麗兒也會蒐集掉到海裡的人類物品——茶壺、晚餐盤、男人用的煙斗、裁縫頂針——然後藏進一個祕密洞穴，對她而言，人類使用的平凡物品都好美，因為每一件都象徵了她所渴望卻無法擁有的生活。

「噢我的天，你有看過這麼美的東西嗎？」她如此讚美一支叉子，即便身邊的人都告訴她，「深海比較好／也比較濕潤。」

愛麗兒擁有一種足以催眠懷特的力量。他不停反覆看《小美人魚》的DVD，還把一件紅色衣服半掛在頭上在屋內奔跑，用飛揚的衣服模仿愛麗兒那頭波浪般的長髮。

雙胞胎即將滿三歲前的某一天，韋恩在一間浴室內揮動鐵鎚，他打算根據凱莉的設計使用經典獵鹿營圖樣進行翻修，還要造出一面用假魚餌裝飾邊緣的華麗鏡子。小懷特跌跌撞撞地走進來看爸爸在做什麼，大約有一分鐘的時間，他就站在那裡安靜地看，然後離開，幾分鐘後他回來，手上拿著自己的小槌子，開始模仿爸爸搥牆。韋恩很愛這段父子時光，這可是從懷特出生後少數出現的時刻之一，他多希望此刻永遠不要結束。

「你想要吃點心嗎？」他問兒子。

懷特點頭，兩人決定休息一陣子。韋恩坐在古董浴缸邊緣，懷特則站在他身邊，兩人一起小口小口吃著動物餅乾。突然之間，韋恩注意到兒子的臉色暗了下來，接著懷特抬頭看他。

「爹地，我恨我的陰莖。」

韋恩立刻從美好的幻想中驚醒，試圖理解寶貝兒子剛剛說出的那些話，然後他伸出手，非常用力地把兒子抱進懷裡，吻去他臉頰上的眼淚。他親了他的鼻尖、臉頰、嘴唇，同時努力忍住自己的眼淚。

「沒有關係，」他小聲地說，「一切都會沒事的。我好愛你。」

韋恩把懷特的頭緊緊貼在自己的肩膀上，即便自己的情緒已脹滿胸口，他還是努力想安撫這個男孩。下一刻，喬拿斯也跑進浴室緊緊抱住父親的腿。這兩個雙胞胎總是無法離彼此太遠。

「發生什麼事了？爹地？」喬拿斯問。

韋恩跌坐地板，背靠浴缸，把雙胞胎男孩抱進懷裡，然後輪流緊抱親吻他們。

「沒有關係，」他小聲地告訴懷特和喬拿斯，一邊撫摸他們的頭髮，「一切都會沒事的。」

4 性別不安

對於凱莉而言，懷特一點也不怪，當然也沒生病，只是有點「不同」——她都是如此向親朋好友及韋恩解釋。她知道大部分人不會理解，尤其是韋恩，她就曾目睹懷特穿著朋友莉耶送的舞衣到處跑跳時，看報紙的丈夫假裝什麼都沒看到。他完全沒有抬起頭，他不想看。

凱莉幾乎是獨自學習照顧這兩個男孩的，尤其是懷特。他會吵個要穿跟莉耶一樣的花俏衣服；與其穿媽媽買給他和喬拿斯的法藍絨襯衫，他寧願不穿，所以凱莉做了決定：她時不時會去為懷特買一些不那麼男性化的衣服。

凱莉第一次走進塔吉特超市（Target）的女裝區時有點不自在，熟悉她的人都知道她常在這間超市為雙胞胎買衣服，而她現在為了其中一個兒子站在女裝區，但也只能勇往直前。反正孩子還沒上學，就算懷特身上穿了粉紅和紫色的衣服又傷害了誰？現在要他只穿一般上衣和長褲已經很困難了，所以她的目標是不要有太多花邊、也不要太女性化的女裝，但最好是粉紅色。她確實找到能讓懷特在早晨心甘情願更衣的理想目標。她必須不去想其他人看到懷特穿了粉紅色上衣會怎麼說或怎麼想，那是他們的問題，她告訴自己，不是她的問題，當然更不是懷特的問題。

韋恩不同意，但也沒有阻止凱莉——反正她也不會聽他的。

「你為什麼非得寵著他？」但韋恩還是開口問了。

「他試圖告訴我們什麼，」凱莉回答，「他在向我們展現自我，我們得幫他想清楚。」

韋恩只希望擁有一個和其他人一樣「正常」的家庭，但凱莉告訴他，沒有人擁有所謂正常的家庭，她就沒有，或許也因為如此，當懷特表現得不太一樣時，她並沒有像韋恩一樣受到打擊。凱莉不知道完美家庭該是什麼模樣，也沒有期待，沒有什麼能讓她失望，無論在腦中或心中，她都沒有預設懷特必須要活成什麼模樣。但韋恩的快樂童年讓他擁有想像，對他而言，懷特每次穿上女裝都是在嘲笑他的那份想像。

「懷特，你其實不想穿那些鞋子的。」韋恩在看到懷特穿了凱莉的高跟鞋時會這麼說。

「我想呀。」

「不，你不想。」

「想，我想。」

「你其實不想當一個女孩。」

「想，我想。」

他們的對話總是如此進行——我們姑且將此稱為對話。比如懷特穿裙子時，韋恩會要他表現得更像個男孩，然後兩人就這樣毫無交集地反覆來往，因為懷特和韋恩都一樣固執、堅毅，並相信自己才是正確的。每次凱莉看到丈夫和這個孩子又在毫無交集地「對話」時，她知道韋恩是在與現實對抗。

雙胞胎大約三歲的一個晚上，把兩個孩子送上床後，凱莉坐到客廳的電腦前，往搜尋引擎打入九個字：

「喜歡女孩玩具的男孩。」

這句話是對事實的陳述，也是個問句，對凱莉而言，這也是一個開始。她不停滑過一篇篇科學相關文章、線上論壇和醫學網站，然後讀了和同性戀（homosexuality）、變性別（transsexualism）——變裝皇后就是屬於這類的吧？——與一些跨性別（transgender）相關資訊。她讀了好幾個小時，一開始想，嗯，說不定那些女孩玩具、衣服和行為代表懷特是同志，但性傾向要看受吸引的對象，而現在開始想像一個三歲孩子會受誰吸引似乎有點太瘋狂。變性別也不可能，因為那大多用來描述經由手術從男性變女性（或女性變男性）的成年人。至於跨性別，韋伯字典的定義是這樣寫的，「性別認定（sexual identity）不清楚是男或女的人。」

嗯，這和懷特的情形有點像。他在幼兒園裡有一個非常好的朋友卡珊卓（Cassandra），教了他所有女孩需要知道的事，舉例來說，女孩不會在教室後方用棕色毛巾把手擦乾，噢，千萬不行，卡珊卓告訴他，身為女孩必須優雅地甩手，快速地，就像著了火一樣。卡珊卓是懷特認識最女孩子氣的女孩了，她的長髮過腰，長長的指甲甚至塗了指甲油。懷特確實喜歡玩洋娃娃，不過他體能很好，丟球丟得比喬拿斯遠，而且常和哥哥在地上扭打摔角。

凱莉讀到，性別（對於自己是男性或女性的信念）是天生的，不是你得思考或告訴別人才成立的事，除非是你自己覺得自己屬於一個性別，別人卻用另一種性別的方式對待你。凱莉不記得自己曾在孩提時如此有意識地思考過。

一篇篇文章從她眼前飛過，她做了許多筆記，而且繼續搜尋，之後的許多夜晚她仍持續這麼做，最後搜尋列記憶下的詞彙已經到了有點荒謬的地步，從「喜歡粉紅色的男孩」一路發展為「喜歡男孩玩具也愛摔角，而且會把衣服綁在頭上的馬桶蓋髮型男孩。」

她不停回到那個詞，「跨性別」，所謂性別是指身體上的男性或女性性徵，性別認同則是另一回事，根據她閱讀的資料，那跟擁有陰莖或陰道無關，只與個人感受有關。懷特覺得自己是女生嗎？大部分人出生時如果擁有男／女生理結構，就會認同自己是男生／女生，但不是人人如此，有些人在成長過程中會覺得自己擁有的性別與生理性別不同，另外還有些人同時擁有兩性生理特徵。凱莉不敢說自己已經很了解，還差得遠呢，但「跨性別」似乎比其他解釋更符合懷特的情況。

她繼續讀。雖然大部分孩子從四歲就會自然開始建立自我意識，但有些孩子早從兩歲就開始表達對自己天生性別的不滿，而這些持續感到不滿的人被稱擁有「性別認同障礙」（gender identity disorder），不過根據美國精神醫學學會（American Psychiatric Association，APA）第五版《精神疾病診斷與統計手冊》（*Diagnostic and Statistical Manual of Mental Disorders*，或稱DSM）指出，這個診斷名稱在二〇一三年時被改為「性別不安」（gender dysphoria）。所謂性別不安指的是：一個人的性別生理結構與他／她對自己性別的天生感受不相稱。這不只是APA決定抽換使用詞彙而已，而是類似一九七三年同性戀被從DSM二版中剔除的關鍵創舉。

根據DSM五版指出，性別不安的判斷基準包括八個行為或特徵，且必須維持至少六個月，其內容如下：

- 出現想成為另一性別的強烈慾望，或堅持自己屬於另一性別（或者不屬於原本生理性別的其他另類性別）
- 男孩（指生理性別）出現扮裝或模擬女性儀態的強烈傾向
- 在演戲或幻想遊戲中強烈表示想扮演不同性別角色的傾向

● 喜歡的玩具、遊戲或活動都在典型上屬於其他性別
● 對於自己的生理性別特徵出現強烈的厭惡感

此外，一定要出現「臨床上顯著的困擾」或功能缺損。最後這點的部分重要性在於其所潛藏的意涵：跨性別者和抑鬱之人的困擾不同，以後者而言，困擾是抑鬱症狀的重要部分，但跨性別者不是，他們的內在困擾是因為清楚知道自己是誰，但被困在錯誤的身體裡，所以被他人以和自己認同性別完全相反的方式對待；所謂失能並非來自他們自身的困惑，而是被迫感覺像個怪胎或性別錯位者。凱莉想到別人可能折磨懷特這類孩子的方式，心裡不禁打起寒顫。他一直算是個快樂的孩子，唯一能讓他不快樂的都跟身為「男女孩」有關。「男女孩」是他稱呼自己的方式。

他總是沒來由地問凱莉，「我什麼時候可以當女生？」或「我的小雞雞什麼時候會掉？」他總是問得很自然，彷彿自己早晚都會變成女生。凱莉好想看看他的腦子裡是怎麼想的，難道他相信自己會從這個「男孩蛹」中像隻蝴蝶一樣蛻變成女孩嗎？或許懷特真心相信有些嬰兒出生是男孩、有些是女孩，而另外有些可以趁年輕時從男孩變成女孩，但他已逐漸失去耐心。他愈來愈不快樂，只想加速那個從毛毛蟲轉變為蝴蝶的自然過程。

韋恩想和兩個兒子親近，但卻搞不懂懷特那些性別扭轉的行為，所以逐漸開始逃避——他躲到樹林裡砍木頭、躲到健身房發洩他的挫敗，或者躲到泳池或湖水中游到精疲力竭為止。他想做一名好父親，但不知如何面對懷特那不知該稱為什麼的處境。

每到年末連假，韋恩都會寄信給親朋好友，同時附上有全家相片的聖誕卡。他以自己的妻兒為榮——整體來說是這樣沒錯。此外，他可以藉由寫信回顧過去一整年，並重新肯定他和家人所完成、學習到的一切。然而到了二〇〇〇年，韋恩發現這個年度儀式變得困難，他該如何向敬愛但可能缺乏理解能力的親友解釋懷特的狀況？他該如何讓他們明白，懷特只是有點不同，但其他各方面完全正常？

二〇〇〇年：懷特還是非常戲劇化，他喜歡盛裝打扮、彈奏樂器並和爹地玩摔角……他要的聖誕節禮物是黃衣芭比。喬拿斯已經比懷特高一點了。喬拿斯除了餅乾幾乎什麼食物都不愛，我們不確定原因，但他還是愛天線寶寶、愛讀書，也愛幫爹地做事。他的聖誕禮物想要釣魚遊戲。

兩年後，一切沒什麼改變，只是兩個五歲男孩之間的差異更大了：

二〇〇二年：懷特充滿創造力，友善且對於扮成女孩這件事很著迷……他會玩「扮裝」遊戲並以此演出各式各樣的故事……他的女朋友是莉耶。

描述喬拿斯就容易多了：

喬拿斯的分析能力非常好。他總是在說話或動個不停，最愛的是動作派角色、拼圖、電腦，當然還有海盜。

懷特喜愛的事物？著色、洋娃娃、電腦和拼圖。最愛的故事還是小美人魚愛麗兒。

韋恩覺得在職場上遇到瓶頸，也缺乏晉升空間，於是著手尋找其他工作。二〇〇三年春天，當雙胞胎還在幼兒園時，一個機會出現了：位於奧羅諾（Orono）的緬因大學（University of Maine）提供了一個負責管理安全、健康、交通及保全事務的職缺。薪水並沒有增加太多，但在學術機構任職能享有名聲，也符合韋恩熱愛學習的個性。雖然不太想離開成長的家鄉，但他無法抗拒這個機會。凱莉並不是很喜歡這個決定，她喜歡北村的生活，這裡有灑滿陽光的湖景，還有許多好友，莉耶的母親珍瑪莉就是其中之一。莉耶有個兄弟名叫沃夫岡，大家都稱他沃夫，他是喬拿斯的好朋友。珍瑪莉來自紐約長島，個性有趣、外向又自由奔放，即便身邊有四個孩子跑來跑去，凱莉在她身邊總是舒適又放鬆，這是她很少從其他人的陪伴中得到的感受。孩子們特別喜歡演出凱莉與珍瑪莉唸給他們聽的故事，或者假裝成喜愛電視節目中的角色，此時凱莉通常會幫他們找出服裝，而珍瑪莉則負責提供音效。

搬家對雙胞胎而言也不是件容易的事。喬拿斯喜歡在房子後面的樹林玩耍，懷特則喜歡在那座多采多姿的大花園裡沿著踏腳石蹦蹦跳跳地踩，踏腳石上甚至印有著雙胞胎的手印及瓢蟲與蝴蝶的圖案。此外，凱莉的母親唐娜最近才搬到旁邊的公寓居住，但這次並沒有打算跟著他們搬家。她和懷特很親近，兩人會一起幫芭比打扮、梳齊她的長髮，並一起看《小美人魚》，有時候懷特還會幫外婆澆花園裡的花。他在那裡總感覺像個活在完美國度裡的公主。不過往好處想，梅因斯家會搬到奧羅諾的大學城，說不定那裡的人更有包容性，也能幫助凱莉更了解該如何幫助懷特。

此時凱莉仍持續在思考性別的問題。一天晚上，她在新聞上看到一篇報導，關於一對紐約市的夫妻允許自己的兒子穿得像女生一樣去學校。這對父母被舉報後遭到逮捕，而孩子也被帶離他們身邊（至少暫時是如此）。凱莉是一名警覺性很高的母親，她清楚知道自己孩子被帶走的所有可能性，不過還是決定讓懷特留長髮，偶爾也讓他穿女性化上衣或女版襯衫。韋恩和凱莉常因此和陌生人陷入尷尬對話。比如他們出外用餐，有人可能會針對雙胞胎這麼提問，「你的兒子和女兒幾歲了？」

「噢，他們四歲了。」凱莉會說，但也懶得糾正對方。

麥當勞通常會讓孩子們在遊戲區奔跑嬉戲，而當韋恩和凱莉要離開時，他們會喊，「懷特、喬拿斯，該走囉！」此時他們會注意到其他家長臉上困惑的表情，凱莉選擇忽略，但對韋恩來說，所有公共場合的陌生人視線都像刀刺在他身上。人們不只對懷特指指點點，也對他和凱莉指指點點。

那又怎樣？凱莉總是這麼說。這又不干他們的事。我們不需要每次跟別人解釋自己的狀況。誰又真的在乎？

但這很重要，他在乎。

搬家前的某天晚上，珍瑪莉和丈夫羅斯可邀請了許多緬因人去看他們家的裝修成果。韋恩和羅斯可幾乎像是一個模子印出來的——他們在成長過程中都熱愛運動、打獵，而且享受在建造過程中不需要百分之百精密計算的「鄉村木工」。懷特和莉耶跌跌撞撞地打鬧下樓，穿著洋裝、高跟鞋和耳環且化了全妝的兩人笑到臉頰發紅。大家看了都笑出聲，就連韋恩也是，但那是卡在喉頭的緊繃笑聲。羅斯可邀請他到門廊喝啤酒。

「我該怎麼辦？」他問羅斯可。

他們都知道他在說什麼。

羅斯可看著韋恩，不確定該說什麼，只是又啜飲了一口啤酒。

「我不知道，韋恩，我不知道。」

「凱莉覺得我是個渾球，但我只是不知道該怎麼做。」

兩個男人都沉默了，想不出任何可以訴說的話語。韋恩的痛苦與困惑顯而易見，但那是韋恩自己得承受的，而當時的他只能站在羅斯可身邊，任由冰涼的夜晚將他吞沒。

5 下東部

人們常用「下東部」來稱呼緬因，不過對緬因人而言，下東部其實指的是漢考克（Hancock）郊區和華盛頓縣（Washington counties），這個地區從西邊的潘諾布斯柯特灣（Penobscot Bay）一直延伸到東邊的加拿大邊界，南邊則由大西洋圍繞。此地由離島、半島、海角、海灣形成了緬因海岸獨特的鋸齒狀風貌，無論就精神或文化而言，「下東部」都代表了你離大海不遠。「下東部」這個稱呼起始自船隻航行為大宗的時代，當時從波士頓往北航向緬因時風從背後吹，也就是所謂的下風順行，同理可證，回程前往波士頓時便是上風逆行，這也是為什麼即便地理上而言，波士頓位於緬因南部邊界五十英里處，他們仍常說自己「上行前往波士頓」。

此地之人有一種深入骨髓的新英格蘭精神。他們世世代代定居在此，拒絕被壞天氣、壞生意或壞運氣所打敗。緬因人無論如何就是會想辦法撐下去，而原因不難想像，畢竟此地曾被遠古冰河來回推擠，還遭受過惡風與天氣鞭笞，導致緬因海岸線和定居在此的人一樣刁蠻固執。此地家族世世代代擠滿了郊區墓園，而在緬因的地產紀錄上，只要不是在此地出生，無論定居在此多久都還是會被稱為「來自外地」。

緬因人有百分之九十五是高加索白人，唯一比這裡「更白」的只有佛蒙特。儘管奧羅諾是個大學城，其中居民仍有高達百分之九十三是白人。不過奧羅諾也是個特別混種之地，因為潘諾布斯柯特河的支流靜水河（Stillwater）口，往南經過十二英里後又與其匯流，馬許島（Marsh Island）就位於這兩條河的中間，而奧羅諾也有一部分在這座島上，剩下的部分則位於美洲大陸——緬因大學是少數完全位於島上（非州也非城市）的高等學院，成立時間可追溯至美國獨立戰爭。至於「奧羅諾」之名原本是潘諾布斯柯特印地安族的酋長名字，這些印地安人最後都被歐洲人驅離了奧羅諾這片富有漁產及狩獵資源之地。獨立戰爭後，鎮上最多的就是鋸木場，等鋸木場消失後，奧羅諾幾乎成為了實用主義與發明再造之地：什麼都不會被丟掉，什麼都可以規畫再利用，就連商店都是。比如你能看到一根生鏽竿子上掛了「奧羅諾藥房及冰淇淋店」，但冰淇淋店早已消失，就連接替冰淇淋店的錄影帶店和接替錄影帶店的非預約制診所也不在了。目前存在於藥房前方的是國際雜貨店「萊拉市集」。

除了少數在都會區出現的新興亮點，例如日吻日曬沙龍，這個小鎮還是保留了鄉村性格，當農夫市集在溫暖日子開張時，許多顧客會搭乘獨木舟或橡皮艇前來。大學所座落的馬許島每年會開放一部分場地供弓箭手獵捕白尾鹿，而沿著奧羅諾三十九英里長的公路上種植了數百種遮蔭大樹，包括挪威槭、東方白松、紅橡樹、綠白蠟樹和洋槐。奧羅諾的道路兩側排列著美國榆樹及儀式果樹，這名字是由第一批新英格蘭移民所定下，他們把葬禮儀式依據此樹開花的時間規劃，因為花開代表氣候夠暖和，泥土也軟得可以挖墓。

梅因斯家族在奧羅諾的新房子有四間臥房，牆壁是雪松木，有一條三百英呎長的車道，還有一間單馬廄穀倉。前院滿是橡樹、杉樹和鐵杉，離房子非常近，凱莉覺得實在令人窒息。韋恩最後砍掉了一些，但不是因為凱莉抱怨，純粹是突然覺得這麼多樹在房子旁太擠了。

房子附近有六英畝幾乎全是樹林，所以雙胞胎有很大的探險空間，韋恩還砍了四十棵樹為他們蓋了間單房小木屋。凱莉為後院買了一條溜索，還有一組可以從後院陽台一路經過階梯並越過整座院子抵達樹林邊緣的雪橇。孩子們似乎適應得不錯，但凱莉並不開心，這房子太像個密閉箱盒，因為樹的關係，屋內總是陰暗，到處都是螞蟻，連接水井的水管也裂了。不過儘管凱莉抱怨，他們短期內還是去不了任何地方，這裡離城鎮、學校及韋恩工作大學的距離確實很合理。

雙胞胎準備上小學時，他們為鄰里辦了場「來認識梅因斯家族」的派對，於是客人們在一個涼爽多雲的秋日紛紛湧入這間房子。派對開始，凱莉在廚房準備一盤盤食物，韋恩則去找兩個男孩，他發現喬拿斯在馬廄，接著懷特自己出現在樓梯頂端，對著父親拉開興奮甜美的微笑。他就站在那兒，這位有著一頭栗色頭髮的甜美男孩沒有壓抑自己，身上穿著從玩具反斗城買來的那件最愛：粉紅色公主洋裝。

「懷特，你不能穿那件！」

韋恩的嚴厲語調刺穿了派對上的聊天內容。懷特身體抖了一下後僵住。廚房中的凱莉聽見丈夫的緊繃語氣知道一定出事了，立刻衝出來。

「發生什麼事？」她問。

「懷特不能——」

「你對他說了什麼？」

凱莉追尋丈夫眼光看見站在樓梯頂端的懷特，他的一隻小手抓住扶手，另一隻緊緊抓住公主魔杖，臉上滿是恐懼與困惑。

「妳打算讓他穿上那種**東西**？」

凱莉沒有回答，只是立刻衝向懷特，此時熱淚已沿著他的臉頰流下，她牽著他的手回到臥房。凱莉知道這是她此生最糟的時刻了。問題不在於派對賓客的反應，他們大多震驚地說不出話來，但那是韋恩的問題，她在意的是兒子經歷的傷痛，而他只不過是想穿公主洋裝參加家庭派對而已呀。她要怎麼讓他明白，雖然父親剛剛斥責他，但他其實什麼都沒做錯呢？她知道自己還沒準備好，而一切才正要開始。

「現在時機不太對。」凱莉溫柔地告訴懷特，努力說服他現在比較適合穿長褲與襯衫。

「我不能做我自己，」懷特的語氣裡混合著傷心與憤怒，「喬拿斯就能穿他想穿的衣服，為什麼我不行？」

凱莉知道他說的是實話，而且一點也不公平。

「我們先試著認識大家，好嗎？」她說。

樓下的韋恩還在暈眩，身邊是一整片受到衝擊後的靜默，他本來以為自己不過是正常中產階級家庭中努力工作的父親與丈夫，但那個世界剛剛爆炸了。他只能目瞪口呆地站在原地，似乎因為那場心靈爆炸而聾了，身邊發生的一切都無法鑽進他的耳朵。派對上的人都在看他嗎？他覺得異常孤單，更糟的是形同赤裸，彷彿身上的所有身分都被拔掉了——獵人、漁夫、資深空軍、共和黨員——只剩下父親這個身分，但他又是誰的父親呢？他是個什麼樣的父親呢？是的，他有一段快樂的婚姻，還有兩個美好的兒子，但也因為其中一個兒子感到既尷尬又丟臉——而且他剛剛還傷了那男孩的心。

韋恩完全不知該如何理解懷特，他的小鎮背景、服役經驗或受過的教育全幫不上忙。為什麼懷特和喬拿斯是同卵雙胞胎，卻能出現這麼大的差異？喬拿斯毫無疑問是個百分之百的男孩，他的存在彷彿證明懷特堅持的女生身分純粹是個謊言。

韋恩沒有把自己內心的恐懼、困惑和憤怒告訴任何人，就連面對凱莉也一樣。她知道他對懷特失望，但他只把感覺藏在心中，同時不停疏遠自己的家庭——他總在週間工作到很晚，每次出外跑步、游泳或運動總持續好幾個小時。在屋外處理家務也讓他有更多獨自思考的時間。韋恩非常固執，有時缺乏超越個人經驗往外探索的能力，對此凱莉曾有親身體驗。他們剛開始交往時，韋恩有一天說要去打獵，凱莉心想：真好，他要去做一些男人做的事，所以為他做了個三明治後便與他吻別。等到他帶著一身髒汙與疲憊回來時，一隻鹿大字型攤在他的雪佛蘭上，鼻子頂住儀錶板，腳從後面伸了出去。凱莉覺得又震驚又噁心。

「你的口袋裡裝了什麼？」她注意到韋恩腰間有個大大的突起，他立刻取出鹿心遞向凱莉。

「噢我的老天！」

凱莉不敢相信自己的眼睛。她丈夫到底幹了什麼好事？他是誰？其實韋恩好好處理了那隻鹿，就為了能把鹿肉以正確方式保存後回家烹調，而鹿心更是獵人與肉食愛好者特別喜愛的珍饈。不過在目睹了所有糟糕場面後，凱莉突然對丈夫非常憤怒，於是把怒氣全發在自己的車上：她開了三小時的車、從摩根鎮一路經過西維吉尼亞到匹茲堡後再開回來，就為了讓自己冷靜下來。等她回來時，韋恩已經把一切清理乾淨了，但表示他們得談談，把問題解決，因為狩獵對他而言很重要——那是他的一部分。她說自己只是還沒準備好面對狩獵真正代表的意義，但她願意超越自己的經驗，也知道自己得調整，但希望他明白剛剛的場面讓她很不開心，而未來她也不希望家裡出現死鹿。就這樣。

凱莉不是那種需要很多女性親密友人的類型，但遇上了就會徹底交心，其中一位就是她帶著孩子去當地泳池時認識的克莉絲。克莉絲非常戀家、腳踏實地，而且實事求是。她有四個孩子，其中一個和雙胞胎一樣大。她還常和另一位朋友兼鄰居艾麗森討論懷特的事，她也有一個和雙胞胎同年的孩子。每到週五下午，凱莉和艾麗森會在凱莉的早餐吧前，一邊喝大都會調酒一邊吃能夠幫助控制體重的蔬食點心。艾麗森算是凱莉的心靈導師，常聽她抱怨韋恩。一切都好複雜呀，凱莉會向朋友訴苦，韋恩就是不理解，也不願去理解懷特，他把自己封閉起來，凱莉幾乎要放棄跟他談論這個孩子了。

「你有想過離婚嗎？」有一次艾麗森問她。

「噢，老天，沒有，」她回答，「從沒這麼想過。我怕他會得到雙胞胎的監護權。」

事實上，凱莉有時擔心韋恩會因為她「允許」懷特表現得像女孩而離開她。有一次他出發騎長途腳踏車時，她一度懷疑他不會再回來了，不過比起他的離開，她更擔心他帶走喬拿斯和懷特。所以她絕不能依靠韋恩，但也沒打算逃跑、躲起來或為此大哭。她得做懷特的好媽媽，只是還不確定該怎麼做，而現在的韋恩又幫不上忙。無論她說了什麼，就算只是隨意地提起懷特可能是同志，她也知道韋恩會說「不，不是那樣。」然後繼續手頭正在做的事。

韋恩無法和凱莉談論這些事。雖然他也擔心凱莉離開，但「離婚」對他而言從來不是選項。韋恩也確實以自己的方式努力想要理解懷特，但主要希望這一切只是他成長的過渡期。他不願去想兒子可能是同志這件事。如果其他父親的兒子是同志，那無所謂，他可以跟同志一起工作，也不在意自己的孩子跟他們交朋友，但就是不希望自己的兒子是同志。這一切對他來說太困難了，韋恩擔心他無法成為懷特想要、或者需要的那種父親。

6 需要小心的事

二〇〇三年四月一日

親愛的懷特日記，

今天懷特和我分享了他的祕密，

他是一個很棒的人，我愛當他的媽咪。

懷特不知該如何形容自己的感受，因此，每當有人問他「你是誰？」時，他的答案很簡單：「一個想當女孩的男孩。」或「一個住在男孩身體裡的女孩。」或者直接說「我是個男女孩。」懷特通常是這樣告訴他的媽媽或任何其他開口詢問的人。如果詢問的人是一年級生——這情況確實偶爾會發生——他們通常不太在意這個曖昧不明的答案。真正令人困擾的是那些班級以外的學生，像是部分二年級生偶爾會說他「娘」。情況其實不那麼糟，真的，但他知道那種說法代表惡意。

懷特的幼兒園老師珍柯斯太太在他的評價表上是這麼寫的，「懷特是令人開心的孩子！他的演戲才能一定會讓他未來在舞台上發光發熱。看到懷特也有競爭心的一面很有意思，但通常他只跟哥哥鬥，面對其他孩子時倒不會。」

雙胞胎待在一起難免會有競爭，但競爭只是他們關係的一部分。喬拿斯完全接受弟弟的不同，因為懷特始終如一，他從未覺得有什麼不對勁，彷彿懷特天生就會做這些女孩子氣的事。每當喬拿斯把朋友介紹給懷特認識時，他總會說，「這是我弟弟，他喜歡把衣服綁在頭上裝成長頭髮，也會玩芭比娃娃。」有時喬拿斯也會玩芭比娃娃，但沒多久就膩了。

但他們的個性差異有時也會導致紛爭，而且通常是懷特對喬拿斯發脾氣。每當凱莉或韋恩把兩人分開，並問懷特為何如此生氣時，他總說不知道。那不像是謊話，因為這種怒氣總是沒來由就出現了。或許盯著喬拿斯時，他看見了自己，但那又「不是」自己，這種認知上的不協調一定已經發生，彷彿一轉頭就看見自己的影像在嘲弄自己。懷特不明白，為什麼他和喬拿斯看起來都像男孩，但只有他覺得自己是女孩。有一次，懷特又問被為什麼要打自己的哥哥，他終於給了一個答案，「因為他可以做他自己，但我不行。」

四個月之後，珍柯斯太太又在紀錄上補充，「我希望這兩個男孩能很快學會獨立，並以獨立個體的身分感到快樂、舒適，唯有如此，他們才能真心為彼此的成功與成就感到開心，而不會一直為了得到注意力彼此競爭。他們是一對美好的孩子，關於自己，他們還有好多足以挖掘探訪的資產！眼前的旅程勢必充滿喜悅與刺激！」

在奧羅諾上一年級時，兩個男孩被分配到不同班級，但其他清醒的時間幾乎全待在一起，因此即便偶爾吵架，兩人間的親密也不容置疑。他們每天的主要活動就是把電視節目或其他看到、聽到或讀到的故事演出來。他們會演出「三隻小豬」（Three Pigs），年紀大一點之後也演過「少年悍將」（Teen Titans）。一切都能夠成為讓他們沉浸其中的故事素材。

韋恩和凱莉第一次真正帶兩人參與的團體運動是足球。在一個涼爽的秋天早晨，身穿T恤與小短褲的懷特站在場地上出神，任由兩隊全身泥濘的隊伍在他身邊混亂地周旋，唯一可稱為參與的行為就是把一個擋路的人推開。擔任教練的韋恩不禁惱怒起來，他不希望自己孩子的行動影響到整支隊伍，所以把懷特從比賽中拉了出來，此時挫敗、憤怒又不開心的懷特狂奔過整座球場，穿過學校停車場後直接跑到街上。韋恩也跟著拔腿狂奔，喬拿斯則跟在父親身後。

「懷特，站住！」

有一台車直直朝著他兒子開過去。

「站住！」

懷特就停在街道的正中央，一秒之後，韋恩抓住他的手臂把他拉回人行道，然後幾乎是用拖的把兩名男孩拖回汽車後座。

「不准再這麼做了！」他跟他們一起坐進汽車後座，不停說著這句話。韋恩嚇壞了，他也希望自己的孩子能理解原因：懷特的行為非常、非常危險。兩個男孩從沒見過爸爸氣成這樣，當然也沒見過他吼得那麼大聲，所以都害怕地不敢出聲。

「你可能會被車子撞到，懷特，爹地很擔心。我愛你們，不希望你們受傷。」

對於這對家長而言，雙胞胎的安全太重要了。他們還為兩人報名跆拳道，希望他們學會一些必要時保護自己的防衛技巧，尤其是懷特，凱莉知道他很容易遭受騷擾。因為心懷憂慮，凱莉總會注意新聞中那些和懷特類似的孩子，她當然也想避開所有跨性別者被攻擊的新聞，但知道自己有義務去了解懷特可能面對的未來。

二〇〇二年十月，就在懷特和喬拿斯剛滿五歲時，加州阿拉米達郡（Alameda County）發生了一件登上頭條的大新聞，來自紐沃克鎮（Newark）十七歲的關．亞勞烏（Gwen Araujo）在十月三日晚上參加了同學在家開的派對後消失無蹤，兩週後，參加派對的另一個人與警方驅車前往偏僻的內華達山腳處，指出埋了關的淺墓穴。關出生時是男性，在被謀殺前數週曾和幾名男子發生性行為，這些男子對關恩的性別起了疑心，所以在十月三日的派對上圍住她質問，之後脫光她的衣服再用繩子把她勒死，還用一只煎鍋敲打她的頭顱。她最後的遺言是「請不要這樣做，我有家人」。

這類故事總讓凱莉非常焦慮。每次去朋友家拜訪前，她都會先確保對方能夠理解懷特奇特的個性與行為，之後也會為了避免發生意外而時時盯住他們。

雙胞胎從幼稚園升上國小一年級時，凱莉知道她得跟老師談談懷特的情況，更重要的是，她必須確保老師能接受他的樣子——以及他所不想要的那些樣子。

「懷特有點不同，」她在學年剛開始時跟老師這麼說，「他真的很喜歡那些女孩子的玩意兒，我們都不介意——你應該也不介意吧？」

她同意。凱莉鬆了一口氣。一年級的關卡算是過了。

韋恩有個朋友生了兩個兒子，年齡和雙胞胎差不多，他們曾對懷特發表了令人驚訝的看法。某個週末，這兩家人一起到波士頓旅行，韋恩的朋友在回程路上問兩個兒子對「梅因斯家的男孩」有什麼看法。

「媽，你指的是梅因斯家的『孩子』吧？他們一個是男孩、一個是女孩。」其中一個兒子說。

「不是唷，他們是雙胞胎男孩。」

但兩個孩子還是堅持：懷特是女生。最後她丈夫開口問了，「你們記得一起去廁所的時候吧？懷特不是有小雞雞嗎？」

一陣漫長的沉默，然後其中一個兒子開口。

「我知道男生有小雞雞，女生沒有，但懷特是女生，只是剛好有雞雞而已。」

同樣在那年，懷特自己完成了一本名叫《需要小心的事》的「安全」手冊，封面畫了吃人鯊魚，但也有微笑的螃蟹和魚，另外還有懷特的最愛——神似愛麗兒的紅髮美人魚——棲息在水底石頭上。裡面每一頁都畫了小孩必須避開的人事物，包括坐在汽車裡想要給你糖果的陌生人、想爬樹到高處卻卡住的小孩、在冰上滑倒的小孩、噴墨烏賊、雪崩、吸血鬼、群眾踩踏事故，還有恐怖的雪怪。另外「玩火柴」和「在不擅長游泳的情況下去游泳」也被標記為危險行動。不過這本手冊一開始所寫的內容最貼近懷特的人生——也最為寫實：

你可能會被霸凌，你知道，就是那些欺負你的男生或女生。

惡霸很壞，所以離他們遠一點。

7 粉紅色走道

二〇〇三年五月初的一個下午，凱莉打開電視，在《歐普拉秀》（*The Oprah Winfrey Show*）上看到了珍妮佛・芬妮・柏蘭（Jennifer Finney Boylan）的訪談，她是緬因州柯比學院（Colby College）的英文教授。凱利沒聽過這個人，也不知道她原名為詹姆斯・柏蘭（James Boylan）。當歐普拉介紹她出場時，凱莉非常意外：那是一位看來非常正常的美麗女性，只是剛好曾是男性而已。她在網路上看到的那些扮裝、戴假髮且化著糟糕妝容的跨性別形象瞬間消失無蹤，而眼前正是一個她足以見習的對象。

歐普拉讀了柏蘭的自傳《她不在場：兩個性別之間的人生》（*She's Not There: A Life in Two Genders*），表示她看到完全停不下來。柏蘭出生時是男性，但在六歲時就知道事情不太對勁：她感覺自己是女性，但實際狀況卻並非如此。她告訴歐普拉，「我打從有記憶以來就知道自己是跨性別者，但也知道其他人覺得我很奇怪、可笑。所以我決定盡量表現得像個男孩、像個男人。」

她在想像中是名女性，作夢也會夢到自己是女性。當家人都不在身邊時，她會偷偷從媽媽和姊妹的衣櫃中偷衣服打扮自己。「那是一件非常悲傷的事，」她說，「我知道這樣偷偷擁有一個祕密很詭異。你知道這不對勁，但這就是你的天性。我認為人們是基於自己的心靈決定自己的性別。任何人只要站在我的立場都會明白我的意思。」

這正是凱莉最需要的肯定。她總是在質疑自己是否以正確的方式對待懷特——究竟要允許他在家穿喜歡的公主洋裝，還是該在玩具反斗城阻止他走向那條「粉紅色走道」？是，這一切還是讓韋恩很不自在，但對懷特來說再自然不過了，而凱莉有什麼資格去懷疑他？

「我不想要其他的人生，」柏蘭告訴歐普拉，「我跟任何人一樣覺得這很奇怪……你會覺得自己是全世界唯一必須面對這種處境的人，但事實上我們現在知道，光在這個國家就有數以萬計的人面對這種情況。有學者曾說這就像多發性硬化瘤或兔唇一樣普遍。無論在我們國家或全世界，都有許多和我一樣的人，只是因為害怕說出真相而安靜地活在羞恥中。」

當歐普拉問到導致這種情況的原因為何，她回答，「沒人真的清楚。我猜應該有一些醫學上的原因，而且通常在兩、三歲時會開始有徵兆。有些人認為和母親懷孕第六週時的荷爾蒙分泌有關。」

凱莉也相信懷特的行為與情感一定有醫學上的解釋，畢竟他的行動幾乎可說是根深蒂固、堅定不移。即便在她最脆弱、甚至懷疑自己放縱懷特選擇喜愛玩具是否助長了一切的時刻，她都能據此讓自己鎮定下來。懷特沒有問題，也沒有生病，他不古怪，更不是什麼怪胎，他只是作為一個男孩時無法開心——這是最重要的問題，所以她的工作就是確保他得到必要的援助、支持或任何所需的一切，好讓他能夠快樂。

柏蘭的話讓凱莉重拾信心。顯然她不是唯一需要煩惱兒子想變成女兒的母親。現在凱莉知道了，其實面對這種認知不協調時有相應的處理流程，柏蘭對歐普拉解釋，當病患想從一個性別轉變成另一個性別時，醫生會遵循一套名為「變性者、跨性別者和非性別常規者的健康照護準則」（Standards of Care–for the Health of Transsexual, Transgender, and Gender Nonconforming People），其前身源自亨利・班傑明國際性別不安協會（Harry Benjamin International Gender Dysphoria Association）在三十年前所發展出來的規範，內容是臨床醫生面對想藉荷爾蒙及手術轉換成不同性別的患者時所需遵循的醫療流程。這一切對凱莉而言都是全新的驚人資訊。她多希望自己能立刻找到某個人、某位醫生來為懷特處理這一切，於是立刻出門買了一本柏蘭的新書。

「她可以成為懷特效法的楷模。」有一天她對韋恩這麼說。

「啊，嗯。」韋恩聽見了，但沒有要討論的意思。

凱莉把柏蘭的書放在咖啡桌上好幾天，希望韋恩願意拿起來翻一翻，但他沒有，於是她把書放到浴室。這招似乎起了作用，因為書確實消失了，但韋恩還是一個字也沒提，顯然還沒準備好談論這件事。

為了迎接雙胞胎七歲生日，凱莉找了兩個男孩都會享受的玩具。之前她注意到懷特很迷某個卡通中的動作英雄，立刻記了下來。到了十月的生日派對，懷特和喬拿斯都收到了那一系列的動作英雄玩偶。喬拿斯非常開心，懷特卻悶悶不樂，凱莉不明白發生了什麼事，最後只好直接問他，「你不是每天都很喜歡看這個卡通嗎？」是呀，他說，但他真正喜歡的是這些動作英雄住的那間漂亮房子。

是時候了。凱莉對於懷特是否為跨性別的最後一絲懷疑消失無蹤。一開始她是在蒐集資料時接觸到「跨性別」，當時還覺得不該太快開始跟韋恩討論，也不想替懷特貼標籤，以免太早將他強制歸類，畢竟這麼小的男孩怎麼確知自己想當女孩？一直到七歲生日以前，她還覺得這有可能是個會結束的階段，倒不是說她這麼希望，只是想做出正確判斷。她還為此成為了分析孩子行為的專家，不停觀察其他孩子行為中的各種過渡階段，比如有個朋友的孩子會塗指甲油，或者愛穿姊妹的套裙，但這些行為都沒有持續很久，至少沒有像懷特持續這麼久。他總是無時無刻想穿洋裝、想當公主、想扮演《彼得潘》中的溫蒂，當然，他也喜歡摔角，也是一個體能很好的孩子，但他的自我認知、最喜歡的玩具、愛幻想的主題、想扮演的角色，總之統統是女生。凱莉沒遇過任何男生像他一樣自始至終認為自己是女孩，也一直表現得像個女孩。

最重要的是，她竟然在生日時讓懷特失望了，這讓她難受。不管了，她告訴自己，她再也不要因為韋恩覺得懷特應該玩什麼來決定禮物。這實在太惡劣了。第二天她出門買了懷特一直瘋狂想要的愛麗兒玩具組，還有所有她能找到的溫蒂、仙杜瑞拉和桃樂絲娃娃。

8 男女孩

喬拿斯和懷特在阿薩．亞當斯小學（Asa C. Adams Elementary School）讀了半年後，梅因斯家族面臨了一個噩耗。二〇〇四年一月，凱莉的感冒一直沒好，只好和初級醫療醫生約診，在做健康檢查時，醫生在凱莉的甲狀腺上發現了一個小突起，但表示很可能只是一團集結成腫瘤狀的良性細胞。不過四十三歲的凱莉已經懂得害怕，畢竟當時她才幫助一個朋友面對第二輪的甲狀腺癌。那名女性去年才跟癌症奮戰了一輪，現在又得面對挖去她脖子一大塊的侵入性手術。

甲狀腺是位於脖子底端靠前的蝴蝶狀腺體，功能是將荷爾蒙分泌入血液，以幫助大腦、心臟、肌肉和其他器官保持溫暖並維持運作。在擁有甲狀腺結節的人當中，百分之八十五到百分之九十都沒有得到癌症，所以凱莉的醫生也以此數據安慰她，強調在檢查結果出來前沒什麼好擔心。之後她做了X光檢查、頸部超音波和甲狀腺機能及血液測試，還接受了細針抽吸切片，最後得到了凱莉最害怕的結果：甲狀腺乳頭狀癌。接著她去波士頓動了包括甲狀腺切除的兩次手術——醫生在凱莉脖子前方劃出三英吋長的切口後拉出患病腺體。癌症似乎被控制住了，但為了確保成效，醫生還是建議進行碘131治療或放射碘療程，希望殺死所有未清除的轉移細胞。甲狀腺是身體唯一會吸收保存碘的組織，但療程很像懲罰，患者因為攝取碘會出現輕微放射性而必須被隔絕在房內數天，此外，由於放射元素會透過汗液與尿液排放出來，為了確保所有可能的放射性排泄物能被處理乾淨，患者會被要求每次上完廁所沖兩遍，護理人員也得每天更換患者床單。他們還得用一個類似醫療用的蓋格計量器來記錄身上的放射線，數值夠低之後才能出院。

放射碘治療結束後，凱莉還得去波士頓的丹娜—法伯／布雷根婦女癌症中心（Dana Farber/Brigham and Women's Cancer Center）固定回診追蹤。有時凱莉那位正在和甲狀腺癌打第二場戰爭的朋友會開車載她過去——沿著I-95公路一路從奧羅諾經過二百四十英里的漫漫長路抵達波士頓，但大部分時候凱莉都是自己開車過去，偶爾還會遇上幾場暴風雪。每當遇上這種壞天氣，她內心都會出現一樣的台詞，「我得再活十年，再活十年就好，只要能撐十年，懷特和喬拿斯應該就沒問題了。」她並非不相信韋恩對孩子的愛，但要是她死了，他得獨力撫養孩子，而他可能還是難以了解懷特的狀況，也不知道該怎麼處理；她光想到懷特可能會因此感到孤獨，也沒有媽媽在一旁跟他保證一切都會好起來，內心就無比恐懼。

有時全家人會一起開車陪她去波士頓。凱莉非常實事求是地讓孩子知道她生病了，但去波士頓看醫生能讓情況好轉。她當然很害怕，但不可能也讓懷特與喬拿斯感到害怕。她得為了他們保持冷靜。

他們去波士頓時會投宿在假日旅館（Holiday Inn）。孩子愛在旅館泳池游泳，而凱莉和韋恩則會坐在一旁，一邊照看他們一邊討論孩子在學校的狀況，偶爾也談韋恩的工作——總之不談癌症。他們盡量避免自怨自艾。然後有一天，他們看到一名不超過十三歲的男孩以家居般的穿著從眼前經過，他沒有頭髮、臉龐細瘦，眼神很茫然，而他走在一旁的父母跟兒子一樣蒼白、憂慮。凱莉和韋恩望著他們從泳池走向大廳後回到房間，然後看向彼此，什麼話都沒說，但內心深深感謝自己的好運。無論經過多少試煉，至少他們的孩子仍然安全、健康。等所有治療結束後，醫生宣布凱莉一切健康，癌症警報總算解除，此時的凱莉比之前更堅定了為家庭奉獻的決心。

懷特和喬拿斯一天最愛的時刻之一，就是在睡前聽凱莉唸床邊故事。他們在兩人床中間放了張木頭椅子，凱莉把右邊那面漆成黃色（懷特選的顏色），左邊那面漆成紫色（喬拿斯選的），正中央的紅色線條則代表媽咪的位子。懷特最喜歡的故事是嘉瑞森．凱勒（Garrison Keillor）的《貓咪，你最好回家》（*Cat, You Better Come Home*），主角是小貓，她不受喜愛，但希望自己變得特別、出色，所以選擇逃家追求金錢和名聲，沒過多久就擁有了無止盡的派對、遊艇和食物可享受，但生活卻變得空虛，一陣子之後，她只希望能夠再次成為屬於群眾的平凡一分子。最後這隻小貓終於回家了，她的飼主也毫無條件地歡迎她回家。

希望其他貓咪能懂
你就屬於此時此刻
盡力發揮你所擁有的一切吧
做你自己，而不是追求你所沒有的

此時兩個男孩才剛開始思考自己是誰，也開始想像自己成為某個虛構角色。懷特最想成為的不是公主，而是《綠野仙蹤》裡那位擁有綠長髮和指甲的女巫——當然還想有她的氣勢——或是穿著紅寶石色鞋子並綁著辮子的桃樂絲。喬拿斯則想成為拿斧頭的機器人，或是《神鬼奇航》（*Pirates of the Caribbean*）裡的海盜。不過目前最讓懷特開心的，是父母允許他在上學時除了規定的長褲與T恤之外，還能穿戴粉紅球鞋、粉紅背包並帶著粉紅色的《麻辣女孩》（*Kim Possible*）便當盒。

放學的懷特也會先脫掉褲子與T恤，換上裙子與洋裝——通常是莉耶不穿後給他的。這種上學時的「綜合型穿法」是凱莉和韋恩的決定，雖然他們不確定這麼做對不對，但總之妥協的結果是如此。他們覺得採取有所節制的中庸之道會比較好，但懷特對此並不滿意，此時凱莉意識到該讓他固定去看治療師。她知道要求懷特壓抑自己並不容易，也不確定是否該繼續這麼做，無論如何，如果他去見專業人士，她會對於接下來必須面對的一切比較坦然。

凱莉看了許多治療性別問題的醫生的資料。他們首位拜訪的心理醫生在班戈（Bangor），但主要處理的是受到性侵害的孩子。她表示懷特需要的是性別認同方面的專家。

他們去見的下一個治療師問了凱莉和韋恩，「懷特穿什麼內褲？尿尿時是站著還坐著？」

「這個嘛，他都站著尿尿。」韋恩回答。

「這樣的話，他就不是跨性別者。」那位治療師說。

韋恩和凱莉面面相覷，一方面對於懷特還沒走到那個地步感到開心，畢竟韋恩還沒真正準備好接受懷特是女兒這件事，但這位治療師的問題與推理方式實在過於簡化而荒謬。他和凱莉起身，向這位治療師道謝，但在走出門時韋恩仍忍不住回頭說了。

「順道一提，我是坐著尿尿的。」

凱莉和韋恩始終不清楚懷特是如何理解自己，他覺得自己不同嗎？奇怪嗎？還是壞掉了？

直到有一天，懷特看著父母，開口說了，「你們知道嗎，只要動手術就能解決我的問題。」

懷特不知道「跨性別」這個詞，當然也不懂性別重建手術，但他知道什麼是整型手術，知道女性可以把胸部變大或把臉變年輕。如果醫生可以讓女人的胸部變大，那應該可以給懷特一對小胸部吧！懷特基本上是個樂觀主義者，主要因為凱莉從未逼迫他質疑自己的本質。她或許壓抑懷特的表現，但如果他真想成為女性，凱莉從未試圖阻礙或勸退。因此，懷特就是覺得一切都能解決。但動手術？

「他從哪裡學來的？」韋恩不可置信地問。

凱莉也只能回答，「我不知道呀。」

9 暗夜中的荒野

敢覺[1]不開心、難過、生氣、敢覺說不清楚的藍與紅，敢覺沒有陽光而且熱而且涼而且火熱而且冰涼。

——懷特．梅因斯的日記，二〇〇五年五月四日

大約七歲開始，懷特每天的心情起伏都很大。他在二年級使用的「祕密筆記本」封面上畫了三個太陽和三朵雲，另外有三位微笑的紅長髮女孩站在開滿粉紅與黃色小花的山丘上，第二頁則畫了長髮的自己站在哥哥身邊，兩人都沒有微笑。

親愛的筆記本，

有時候，我哥哥對我做壞事，我會直接揍他肚子！

1. 懷特的日記原文將 un- 作為字首的字寫成 unn-，包括 unnhappy、unnspeakable 及自組詞彙 unnsunshining。

就在懷特打喬拿斯的畫底下，懷特寫了：

有時候我用拳頭直接揍我哥哥的臉。

就讀小學時，懷特和喬拿斯的筆記和日記通常只是一些零散的紀錄，但這篇配了插圖——懷特在半夜丟下了偽裝，起床後走入「暗夜中的荒野」，然後一邊做體操一邊發出巨大聲響，最後假裝成吸血鬼女士，「咬了我哥哥還把他的內褲嚇掉了！」

到了第七頁：

我是認真的。我打東西。我踢東西。我被東西絆倒。我也丟東西。我就是用這種方式練跆拳道。

這本筆記本最後出現的是一系列的臉：

有時我喜歡打扮成戴芬和薇瑪，我哥哥喜歡扮成夏奇，他的朋友喜歡扮成史酷比和費德！我想多跟你聊一些，但要是說更多，我哥哥可能會生氣揍我。

這本筆記本是二年級的功課，懷特寫完後得給老師和家長看，之後他們會在每頁背面寫下評語。

懷特的老師：「懷特，我之前也會和我的三個姊妹做同樣的事唷！」

凱莉：「懷特，你的故事愈來愈有趣了，就像是從店裡買來的故事書一樣！愛你的媽。」

韋恩：「懷特，多有趣的故事呀！我很開心你喜歡跆拳道，希望你可以繼續朝黑帶努力！愛你的爸。」

其實凱莉和韋恩對這個狀況都很擔心。喬拿斯是雙胞胎中比較被動的一方，無論就肢體或口語方面都常遭受攻擊。手足之間打架很正常，尤其在這個階段，而同卵雙胞胎在這方面情況也一樣；但發生肢體衝突時，懷特有時似乎真想把哥哥狠揍一頓。此時父母會希望他們暫停，也嘗試引導他們以對話取代吼叫及打架，同時也強調，如果無法達成共識，兩人一定得來找凱莉或韋恩。大約在這個階段，懷特開始把怒氣埋藏在心底，首先讓凱莉擔心的是，他偶爾會出現輕微的抽搐問題：她發現，他躺在沙發上看電視或做功課時會下意識地拉眼睫毛和眉毛，一副想把它們拔光的樣子。

「懷特，你為什麼那麼做？」凱莉有一天問了。

「我得這麼做。」

「什麼意思？」

「我停不下來。」

二〇〇六年四月十三日，九歲的懷特第一次和兒童心理醫生維吉尼亞・霍姆斯（Virginia Holmes）見面，她的辦公室位於奧羅諾南邊約三十五英里處的艾爾斯沃斯（Ellsworth）。當凱莉告訴雙胞胎的兒科醫生，懷特或許需要諮商時，對方大力推薦霍姆斯。他們決定每週見一次面，這樣凱莉才能與霍姆斯溝通並更新懷特在家與學校的情況。一開始，凱莉和韋恩懷疑懷特有注意力不集中或過動的問題，因為他很難靜下來，但他的不安與躁動似乎與更深層的焦慮有關，就連懷特自己都無法解釋清楚。

維吉尼亞・霍姆斯在她的診斷紀錄上寫道：

第一次與懷特見面。他非常女性化，留著長髮，還別了藍色帶花的髮夾……對於想變成女孩這件事，懷特完全不感焦躁或憂慮，當我提到認識很多與他感受類似的男孩時，他的眼睛因為興奮而發光，但他最大的焦慮來源不在於此。

他最擔心的是常不由自主地出現讓自己窒息的強大慾望……大部分時候也無法停止自己。他想知道我有沒有認識其他擁有類似感受的孩子，我稍微和他談了一點強迫症（OCD），他了解，「噢，」他說，「就像妥瑞氏症！」沒錯。

10 擁有魔力的女孩

維吉尼亞・霍姆斯希望凱莉慢慢來，不需要在每次懷特要求扮成女生時完全屈服。霍姆斯認為懷特仍可能是同性戀，而不是跨性別，因此在確定之前，至少該把他在公開場合的女性化行為控制在一定範圍內，所以凱莉堅持懷特繼續穿「男孩」衣物去學校。

某天韋恩下班回家，懷特和喬拿斯正在後院和朋友玩鬥劍遊戲。當時的懷特穿了一件粉色女版上衣及長褲。

韋恩罕見地跑去質問凱莉。

「霍姆斯醫生說應該慢慢來。」

「她是說在學校應該慢慢來。」

凱莉很不開心，她知道韋恩只是利用霍姆斯作為表達自己不滿的藉口。韋恩確實在調適自己，但也害怕懷特一旦被允許表現得更女性化，就更難變回男生。

為了補償自己在現實中的分裂人生，懷特逃進一齣福斯電視台播放的義大利動畫《魔法俏佳人》（*Winx Club*），其中所有住在幻想世界的女孩都擁有魔力。

她們熱愛自己的技能，並因此被稱為「內行人」，敵人則是稱自己為「三巫組」（Trix）的三名女巫：雪姬（Icy）、黑姬（Darcy）、雷姬（Stormy）。這三名女巫跟大部分反派角色一樣在故事中極為活躍。她們都穿長靴，擁有長髮和前凸後翹的好身材，力量更是強大——她們擅長操控物質，尤其是冰雪、黑暗與風。

二〇〇四、五年，在懷特的粉紅大理石紋路筆記本中畫了一頁又一頁的「三巫組」，筆記本一開始畫了情人、陽光和星星，最後素描了一位皺眉的女人和一位伸出舌頭的小男孩。懷特之所以受這些角色吸引，是因為她們既女性化又充滿力量，比如雷姬也被稱為風暴女王，她的腰身纖細，畫著紫色眼妝，髮型誇張——是一整團突出大小卷髮的風暴，另外還有形狀像閃電的白色長辮子圍繞臉龐。她狂野，偶爾甚至不受控制，還有能力掌控龍捲風、放出風暴，或用雷電震懾敵人。雷姬是三姊妹中年紀最小的，力量相對較弱，但靠著自信與氣勢彌補了一切。她驕傲易怒，要是有人惹到她，無論花多少時間都會復仇。驕傲、外向、充滿攻擊性又不成熟：完全就是懷特的翻版。他不停測試身邊每個人的極限，有時甚至測試韋恩，比如去百貨公司時，懷特會逕自跑去看顏色大膽並縫有亮片的女孩洋裝，並稱讚它們「時髦」。

「爹地，我可以買這件嗎？」

韋恩努力阻止自己反應過度，不希望傷害到懷特，但他的任務就是盡量保持中立。凱莉說他如果無法支持懷特，至少也該努力做到這點。

「聖誕節再看看好嗎？懷特甜心，聖誕節再說。」

韋恩通常不會和凱莉談論這些插曲，但有一次討論到懷特未來穿洋裝到學校的可能性時，他反對，因為一旦這麼做了，懷特的名聲就永遠確定了——那個穿得像女生來上學的男孩。

「嗯，但那是他想要的。」凱莉回答。

懷特的焦慮感在剛升上四年級時變得更強了，他會拉自己的嘴唇，不停觸摸自己的牙齦，捏舌頭底下的肌膚，還會把頭髮一根根拔掉。他的老師在體育成績單上寫道：「懷特非常情緒化，常常突然變得低落或憤怒。這種情況最近變得愈來愈嚴重。整個人的自信心似乎也在急速下降。」

新出現的壓力似乎源自其他人看待懷特的方式，再加上他迫切想融入女孩的圈子。他非常想穿兩件式泳衣，不過凱莉早在好幾年前就想出折衷的方式——在帶他們到YMCA學游泳時，她就說服雙胞胎穿潛水衣游泳，以避免到底要穿泳褲還是泳衣的問題。不過懷特還是選了橘色和粉紅色的潛水衣。

現在懷特要的更多了。隨著女性自覺愈來愈強，要拒絕他的要求也變得愈來愈難，最後凱莉屈服了，懷特可以穿兩件式泳衣，但有兩個條件：不能穿細肩帶上衣，下半身也一定要有泳裙。他同意了。當懷特要上游泳和潛水課時，凱莉會偷偷把他帶到女生更衣室，但沒有把這一切告訴韋恩。當她把這件事告訴心理醫生時，維吉尼亞・霍姆斯問她這樣讓懷特在公開場合認同自己是女孩合理嗎？凱莉不常哭，但這次在霍姆斯面前仍忍不住哭了出來，沒有韋恩的支持已經夠困難了，而霍姆斯似乎也在質疑她身為母親做的決定。

懷特也有問題想問。他告訴霍姆斯，校車上其他孩子會用他不懂的稱呼叫他，尤其是一個女孩常叫他「水果籃」（fruit basket）[2]，但他不知道是什麼意思。為了回應這個問題，霍姆斯提到了「男同志」。

「什麼是男同志？」懷特問。

「不愛女人但愛男人的男人。」

「噢，那我不是！」

懷特對此似乎非常有信心。霍姆斯認為他們還不清楚自己會愛什麼樣的人，但懷特就是

2. 當一名男性彎身並把外生殖器夾到雙腿之間，從後面看來就像是一根香蕉和兩顆核果（關於水果種類的說法很多），此場景被戲稱為水果籃。通常有嘲笑男性失去雄風的意思。

知道，而且對此深信不疑。他不是男同志，不是受男生吸引的男生——對他而言，這個概念跟稱呼自己是男生一樣陌生。他是女孩，而且是個愛美的女孩，希望某天能跟所愛男孩結婚的女孩——就像任何其他女孩一樣。

11 一個兒子和一個女兒

隨著懷特對自己的女性特質愈來愈篤定，他與喬拿斯之間的衝突也變得更頻繁。二〇〇六年七月，懷特和喬拿斯一起拜訪霍姆斯醫生時表示，他擔心自己穿得愈來愈像女生之後，喬拿斯會無法接受，尤其是在學校的時候。他也覺得喬拿斯因為害怕尷尬而不太喜歡跟他玩。

霍姆斯於是問喬拿斯對此有什麼看法，但喬拿斯表示一點也不在乎懷特穿著或表現像個女孩，事實上，他覺得自己應該保護他，有時還擔心其他孩子找懷特麻煩時該如何保護他。不過他確實對玩娃娃這件事沒什麼興趣了，寧願出去和其他朋友一起玩。

「我長大了，不太愛玩那些了。」喬拿斯說。

懷特在班級的詩歌選集上貢獻了七首詩，其中一首標題是「孤獨聽音樂」。

你能從空氣中吸入

孤獨

所以現在

沒人和我一起
所以我想逃
逃出這裡
但現在我知道
我的心
因為我已經釋放
我的心靈

懷特所面對的困難常與體育有關，尤其得經歷更衣與淋浴過程的游泳課。由於體育課常被排在課後活動時間，韋恩有時也會去男子更衣室監督，懷特被迫在那裡更衣，但裡面的淋浴區是有十二個蓮蓬頭的開放空間，沒有隔間、沒有隱私，只有高壓水柱和蒸氣。男孩們會在裡面滑水玩樂、大吼大叫，還用毛巾甩打彼此。韋恩的注意力通常在其他孩子身上，所以喬拿斯和懷特常是最後換好衣服的人，有一次，懷特還在淋浴區，另一個年紀較大的孩子對他說了些什麼，懷特立刻毫不遲疑地逼近對方。

「你對我有什麼不滿嗎？」他問。

另一個男孩至少比他高上一英呎半，當他正打算出手把懷特推到地上時，卻看見韋恩走了過來。

「嘿！」韋恩對那個孩子大吼，他於是轉身走開。

韋恩揮手叫懷特過來。

「到底發生了什麼事？」

「沒事。」懷特回答。

「你瘋了嗎？懷？如果我不在場，他可以把你揍得很慘。」

「我可以處理。」懷特說。

「不，你還不行。下次有人對你說了什麼不好的話，你就離開現場，之後再來跟媽或我報告，好嗎？」

懷特不缺氣概。他敢在必要時為自己挺身而出，這點韋恩很敬佩。他還記得雙胞胎讀二年級時，在一份常出現的的寫作作業中，懷特把自己描繪為一名擁有長捲髮的女海盜，而且把反派男海盜打得很慘。至少懷特把自己描繪成一個強壯的領導者，韋恩當時這麼想。

但有時他人的攻擊會在意想不到的情況下出現，當凱莉和韋恩把雙胞胎送去參加幼童軍時，情況更為明顯。韋恩一直夢想雙胞胎能晉升為鷹級童子軍，那是童子軍的最高榮耀。韋恩熱切地相信童子軍的核心精神：對國家、對他人、對自己盡義務；尊重、榮耀、領導力。但在一堆狂放不羈的男孩幼童軍之中，童軍原則的展現不見得那麼顯著，有些年紀較大的孩子甚至會把懷特視為眼中釘，不停刁難他的女性化舉止。大部分家長對此不太在意，就算注意到了也沒有約束孩子的打算，這點讓韋恩深深感到困擾。他和凱莉本以為參加童軍能幫助讓雙胞胎融入社區並交到一些朋友，但他們還能讓孩子暴露在這種可能受傷甚至自尊毀損的環境下多久？

某次小組會議中，一位母親在所有人面前問韋恩和凱莉，「懷特是男生還是女生？」凱莉立刻把她拉到一旁解釋，懷特是一個困在男孩身體中的女孩，如果她想了解更多，只要開口，她很樂意跟她解釋跨性別的概念。韋恩的心態卻還沒準備好，他仍不相信懷特是跨性別者，或者說還沒準備好接受事實。無論如何，凱莉知道她得做那位負責解釋的人，以在懷特和那些不想或不能理解他的人之間搭起溝通的橋樑。

這場童子軍實驗幾乎還沒開始就結束了。韋恩再次意識到自己擁有的家庭和其他人不同。不幸的是，他處理的方式——或者說不處理的方式——就是再次把自己封閉起來，或者跑到附近的湖泊游泳到很晚。

通常在晚餐結束並幫雙胞胎寫完功課之後，韋恩就沒什麼時間運動了，但某天晚上他堅持要去好好游一趟。他出發時已經晚上十點，天色暗黑，車程很短，抵達時湖邊還有很多停車位。橫跨湖泊的距離大約四分之一英里，為了以防萬一，泳者通常需要在腳上綁上救生圈。

一陣輕如細語的微風掃過湖面，韋恩離開岸邊開始游，來來回回維持著緩慢穩定的節奏。他利用附近橋上的街燈來指引方向，營地照明則是反方向的指標。他大概橫越了湖面八趟，總距離將近兩英里。過了一、兩小時後他終於上岸，卻驚訝地發現岸邊等了兩名警察，想知道他大半夜在湖裡做什麼。

「我在為比賽訓練，」他告訴他們，「鐵人三項競賽。」他沒說謊，但也沒說出全部理由。還差得遠了。

「這樣呀，那你能不能在白天訓練呢？」其中一位警察問他。

韋恩解釋他真的沒辦法。這是他一天中唯一能健身的時間。警察表示他們並不在意，畢竟韋恩並未觸犯任何法條，但住在湖泊附近一位年長女性報案，發誓看到一名男性企圖自殺。韋恩笑了，或許笑得有點太刻意了，然後保證自己真沒這種打算。他們聳聳肩後回到了巡邏車上。

其實韋恩很清楚，這些運動、鐵人三項還有家裡不停劈好堆高的柴火都是為了逃避與懷特有關的問題，其實這樣說也不太對，是他不想處理自己面對相關問題的感受。他把一切做決定的責任交給凱莉，就連堅持不讓懷特穿得更像女孩時，最後也是讓凱莉去斡旋處理一切。身為兩個孩子的爸，韋恩多少得接送孩子、參與課外活動，或者被迫在孩子的派對上當伴護人，但他最享受的還是和喬拿斯去做那些「男孩子」的事，像是參加小聯盟。韋恩會花好幾個小時教他如何打擊，而喬拿斯會背靠車庫門站著，等爸爸把腳邊桶內二、三十顆威浮球一顆顆取出來，以下手式投給他練打。喬拿斯並不擅長打棒球，反倒是有一次，懷特在旁邊閒晃整天後，決定穿著他閃亮的洋裝與高跟鞋上場。

「讓我試試看。」他說。

懷特連續打出四個平飛球，韋恩笑了，喬拿斯卻笑不出來。對喬拿斯而言，運動一直是件苦差事，他想參與，好勝心也強，但隨著年齡增長，他慢慢了解自己就是不適合運動——做這件事沒辦法讓他喜歡自己。之後在一篇作業中，喬拿斯為自己做出結論：無論就氣質或肢體敏銳度，他都無法成為一位傑出的運動員。

不是每個人都能領會體育活動的樂趣，但各式各樣的運動仍有許多貪婪的追隨者……不是每個人都對這類活動擁有如此大的熱情。

喬拿斯最引以為傲的還是他的想像力。他常陶醉於演出各種虛構故事，有時還會在其中演出穿著盔甲並用長劍打退敵人的騎士。懷特也喜歡那些武器，但與其扮演騎士、海盜或羅賓漢，他更愛扮演揮舞長劍的公主。

儘管如此，在辛苦與威浮球掙扎了這麼久之後，看到穿著高跟鞋與洋裝的懷特輕鬆把球打出去，還是讓他有點受傷。畢竟運動是在學校最能與人成功社交的方法，如果要說喬拿斯為何希望能打好，就是希望在學校屬於一支隊伍。

懷特從未懷疑自己的興趣。他知道自己喜歡什麼、喜歡誰，也知道自己想成為什麼樣的人。喬拿斯和他完全不同。他當然知道自己是個男孩，但也僅止於如此，因為他的一切似乎都不符合同齡男孩的既定印象，而他愈是決定做回自己就愈沒有自信。他是好奇、愛發問，面對問題時不會因為簡單的解釋感到滿足，因此常覺得獨處比較舒適。

但喬拿斯唯一有把握的就是懷特。

某次韋恩和懷特又為了穿女裝的事來回爭執之後，喬拿斯去找了父親，「面對事實吧，爸，你有一個兒子和一個女兒。」

12 過渡

大約三、四年級時，懷特班上的同學都用男性代名詞叫他；但由於懷特總在各種場合不停強調，他在他們心中始終是個「男女孩」。年紀較大的孩子偶爾會鬧他，但不太確定情況的家長通常選擇隱藏自己的想法。懷特有時會因為擔心其他人的看法而情緒爆發，或者又出現不自主的抽搐現象；不過隨著自尊心的成長，他的女性化特質仍穩定發展。凱莉知道維吉尼亞・霍姆斯希望她一切慢慢來，但仍愈來愈常允許懷特在家或公共場合穿得像個女孩，不過仍未答應他想穿裙子或洋裝上學的要求。

剛上四年級沒多久，懷特的老師克魯茲太太交代了一份回家作業——回家畫自畫像——並表示之後會把畫像掛在學校門廊作裝飾。幾天後的大約下午一點鐘，莎拉・克魯茲（Sara Kreutz）跑進學校諮商師麗莎・爾哈特（Lisa Erhardt）的辦公室，把門關上。

「麗莎，我需要你的幫忙。」克魯茲手上拿著一張紙，紙上畫的女孩擁有長捲髮、紫色眼線，還戴了珠寶——畫的是個辣妹呀，爾哈特心想。

「我不懂妳的意思。」爾哈特說。

「這是懷特為校園參觀日畫的，是他的自畫像。我跟他們說會用這些畫像裝飾門廊。這看起來完全不像他，我想尊重他的觀點，但不知道該怎麼做。」

「我覺得我們應該聯絡凱莉。」克魯茲說。

阿薩．亞當斯小學很小，從幼兒園到五年級總共只有兩百六十位學生，所以麗莎．爾哈特每一位都認識。她喜歡自己的工作，對此也很有自信。她在緬因的一個小鎮長大，高中時靠當保母賺錢，是那種朋友需要幫忙時總會去尋求建議的對象。除此之外，她也喜歡聽孩子說話，總是覺得他們的心靈世界很有趣。所以在緬因州路易斯頓（Lewiston）貝茲學院就讀的四年中，她把主修科目從生物學改成藝術史和心理學。這樣的轉換與其說是優柔寡斷，不如說是反映了她不停擴展的興趣範圍。

就讀大一的那年春天，爾哈特選修了在心理學的第一門課：教育心理學。這門課要求學生必須去當地的公立學校觀察學生。她很驚訝地發現學生在她身邊非常放鬆，或許因為她總是把學生當作擁有獨立想法與觀點的一般人，他們總能輕易敞開心胸與她談話。不過在路易斯頓的學校觀察期間，她也發現老師們光是管理學生就夠忙了，沒什麼時間和他們對話。

「他們可以跟誰談話呢？」她問了其中一名老師。

「很多學校都有諮商師，但我們沒有。」那位老師回答。

從那一刻起，為了成為學校的諮商師，爾哈特決定把在校所有時間奉獻於教育心理學。畢業之後，她也透過奧羅諾緬因大學的速成學程得到碩士學位。

二〇〇三年，二十六歲的爾哈特在阿薩．亞當斯小學擔任諮商師，她認為自己的角色是讓學校成為一個公平的場域，幫助所有學生（無論背景或學業表現）在此自由發展。她認為自己的主要工作是成為孩子的後援，目標則是找出學校幫助孩子成長為一個完整之人的方式，幫助他們辨認自己的情緒，進而處理所有困擾他們的一切。「衝突解決專家」是她描述自己的稱號，但也不介意我們使用「校園諮商師」這個簡單的稱謂。

懷特和哥哥喬拿斯剛進入阿薩．亞當斯小學就讀時，爾哈特並沒有立刻注意到他，畢竟她之前就見過許多愛穿粉紅球鞋或帶粉紅背包的男孩。那年紀的男孩本來就很可能受到女性化的東西吸引，但仍可能同時是個「百分之百的男孩」。奧羅諾是個相對開放的大學城，所有孩子都被鼓勵獨立發展。

一直到雙胞胎讀了大約一個月之後，凱莉到爾哈特辦公室拜訪，她才注意到「懷特．梅因斯」這個名字。凱莉跟其他憂心的家長一樣想把孩子的故事告訴爾哈特——希望她能在理解情況後幫忙照看一下。

「不知道你見過我的孩子沒，」凱莉一開場這麼說了，「他們是雙胞胎，其中一位名叫懷特，他真的很喜歡閃亮的玩意兒。我丈夫對此不太開心，但我希望盡量讓他自由發展，所以我想，你對這方面了解嗎？」

「不是非常了解，但聽說過。」

爾哈特起身從書架上拿了《精神疾病診斷與統計手冊》，瀏覽索引後找到「性別認同障礙」。凱莉之前已在網路搜尋資料時看過這段內容，維吉尼亞·霍姆斯也曾提起，但她從未直接讀過這本精神醫學家、心理學家和諮商師都奉為聖經的書中完整描述。此時爾哈特大聲朗讀出來：

> 性別認同障礙包含兩個元素，兩者都必須出現才能確診。首先一定要有跨性認同的持久性強力證據……也必須要對生理性別持續產生不適感，或是對生理性別產生了非適宜性（inappropriateness）的認知……以男孩而言，跨性別認同通常展現於沉浸在傳統認為屬於女性的活動中，他們偏好穿女孩或女人的衣服，就算無法取得也會即興穿戴手邊得以湊合的素材。他們通常把浴巾、圍裙或圍巾當成長髮或裙子……或許會表現出想當女孩的願望，或深信自己長大後會變成女人……雖不常見，擁有性別認同障礙的男孩可能會覺得自己的陰莖或睪丸很噁心……

凱莉聽得非常仔細，一切聽起來都符合懷特的情況。凱莉和爾哈特談完離開後才過二十分鐘，爾哈特就覺得必須做些什麼。她知道自己得惡補很多知識。懷特會在這裡讀到五年級，身為校園諮商師，爾哈特知道自己對於性別認同障礙必須了解得比現在更多。她也知道自己剛剛做錯事了，她應該先聽凱莉說明懷特的狀況，而不是一下就拿起《精神疾病診斷與統計手冊》開始讀，彷彿一開始就把她的孩子病態化為問題兒童。她之所以本能性地就抓起書開始讀，是因為沒有足以談論懷特的語彙，又需要為兩人即將開啟的話題安上一個標題。但凱莉才把辦公室門關上，爾哈特就開始擔心她是不是被冒犯了。

爾哈特把這件事告訴了校外臨床督導，包括她唸了《精神疾病診斷與統計手冊》的內容以及凱莉可能因此受傷。

「你覺得該怎麼做？」督導問她。

「嗯，我需要了解更多。」

爾哈特翻遍網路卻找不到太多資訊，至少都不是直接與跨性別孩童有關的。

「這個呀，你知道嗎，奧羅諾就是一座大學城，你何不先聯絡LGBT中心呢？」

於是在一個下雪的二月天，爾哈特步行前往幾乎等同自家後院的緬因大學，走上位於二樓的大學社區中心「紀念聯盟（Memorial Union）」，然後走入其中的彩虹資源中心（Rainbow Resource Center）。那是一個簡單小間，幾名學生正在裡頭閒聊，一看到她立刻趨前幫忙，還從中心的資源書庫中找出許多相關書籍回應她的提問。四十五分鐘後，她帶著滿滿的資訊、建議和聯絡電話離開。沒想到這些學生竟如此大方友善，這感覺她一輩子都不會忘記。

爾哈特及凱莉自從初次見面後又會談過好幾次，在那三年間，通常都是凱莉打電話給爾哈特提問，或是爾哈特發現了一些可能幫得上凱莉的外部資源。兩名女性對於目標都有共識：重點是讓懷特在學校感覺舒適。

雙胞胎就讀三年級時，爾哈特的辦公室剛好在他們的教室旁邊，所以凱莉把他們送到學校後都會跟去跟她聊聊，這個習慣一直維持到雙胞胎升上四年級。她們會交換正在閱讀的資訊及最近習得的新知。另外有些時候，她們會試圖預測懷特未來數週或數月可能遇到的問題。爾哈特很欣賞凱莉運用常識教養孩子的方法。她從未要求老師用特殊方式對待懷特，反而跟爾哈特一樣擅長直接面對問題。雖然差了十五歲，她們卻能彼此理解，也彼此敬重。

二〇〇六年九月的那個下午，凱莉接到一通電話，是爾哈特向她解釋克魯茲老師處理懷特自畫像所遇到的難題，她強調那張自畫像很美，但老師不確定該怎麼處理。她應該把畫像掛在門廊嗎？她不想傷害懷特，但他不明白這麼做可能會帶來麻煩。凱莉笑了。

「我常看他畫類似畫像。」

「你希望我們怎麼做？」爾哈特問。

「嗯，那項作業的名稱是什麼？」

爾哈特用手遮住話筒，轉頭問克魯茲。

「是『你站在鏡子前看到的畫面？』」克魯茲說。

爾哈特把答案轉達給凱莉。

「那他沒有遵守指示。請他把畫帶回家，他得重畫一張。」

爾哈特照做了。之後掛在門廊的那張畫像看起來和懷特像多了，至於之前畫像中的那個人，那個他覺得像自己的人，則仍未準備好在眾人面前公開展示。

當懷特站在鏡子前，他所看到的真的是畫了眼影、身材火辣的長髮女性嗎？如果我們腦內沒有一個區域負責提供「自我意識」（sense of self），或許也不會提供那份自我意識所形成的圖像。畢竟我們對於身體的感知分別來自腦中幾個不同區域，光是一隻眼睛就有一千萬的細胞負責接受外界的視覺資訊，這些細胞又連接到負責告訴大腦所見為何的一百萬個神經元。換句話來說，大腦丟棄的視覺資訊比留下的還多，也代表人類感知而來的資訊總是經過剪裁與篩選，不是直接簡單的行為，反而更與「期望」有關。跟有錢孩子相比，貧窮孩子眼中的硬幣看起來比較大；對於飢餓的人而言，食物相關字彙在頁面上顯得更清楚、更亮。環境中的一切足以影響我們以及看待自己的方式——甚至是看待身體的方式。科學家的實驗也顯示，舉例來說，一旦採取雙腿大張、雙手擺在臀部的經典站姿，即便只有幾分鐘都能增加人的自信心，可是被要求駝背或捲曲身體則會很快失去自信。

相信自己的性別與生理性別相左的孩子又會看到什麼鏡像呢？身體本身就在訴說一個故事，這個故事能改變身體所看到的樣子，甚至改變人的心靈。

雙胞胎仍就讀四年級的某一天，凱莉又接到電話，致電者是克魯茲。

「懷特請大家都用女性代名詞稱呼他，這樣可以嗎？」

凱莉很驚訝，但還不到震驚的地步。懷特從未放棄認同自己為女孩，或者說「男女孩」。這份意識早已深植在他心中，所以對凱莉而言，他想要同學這麼稱呼他完全合理。

「如果其他孩子願意，我不認為這是個問題。」

懷特的同學覺得這麼做很合理，最後唯一「男孩子氣」的只剩下他的名字。不過就算其他不認識懷特的孩子以男性代名詞稱呼他，他也無所謂。凱莉接受懷特原本模樣的能力幫助他擁有一種信心，因此，無論他針對自己發表什麼意見，他都認為在別人看來也完全正常、合理。

不過凱莉很清楚社會還遠遠無法理解，更別說她丈夫了。跨性別議題當時很少被公開討論，無論在法院或全國各地，同志婚姻都還是個備受爭議且節節敗退的議題。二〇〇六年十一月七日，美國八個州投票決定禁止同性婚姻，只有一州（亞利桑那州）通過相關措施，跨性別議題的進展更是緩慢。不過在二〇〇六年一月一日，加州將性別認同納入反歧視法，範圍擴及教育、就業、居住、寄養及健保等層面，成為了全美最保護跨性別者的地區。在此同時，只有另外三州（明尼蘇達、新墨西哥和羅德島）將預防職場和居住場域的性別認同歧視列入法條。不過這些州並未以法律禁止公共設施方面的歧視，也就是廁所，即便像是加州如此開放的所在，也是到二〇一一年才將公共設施納入反歧視法中。

大約正是加州通過第一部性別認同法的時候，在紐約泰瑞鎮（Tarrytown）的高檔餐廳雅科仕（Equus），二十七歲的二廚艾瑞克．布馮（Eric Buffong）正要開始忍受長達數月的嘲笑、羞辱與大刺刺的騷擾。他的同事發現一九九八年白原高中（White Plains High School）的畢業紀念冊中有布馮的照片，但當時的他還是「艾莉卡」而非「艾瑞克」。布馮出生時為女性，但身為跨性別男，他幾乎十年來都以男性身分生活、工作並表現自我，然而被一張九年級照片「出櫃」後，布馮就飽受嘲弄。他在輪值表上的名字被改成艾莉卡，工時被縮減，甚至在四個月後被開除。

布馮提起了三百萬美金的訴訟，他認為餐廳開除他不是基於工作表現，而是性別認同，但餐廳要求法院不起訴，二〇〇六年八月，餐廳的請求失敗，行政主廚告訴紐約的《每日新聞》（*Daily News*），「我們都是好人，不會做那種不擇手段的事。」當時紐約州人權法（New York State Human Rights Law）確實禁止基於性或性傾向的歧視，但沒有提到性別認同，不過威斯特徹斯特郡（Westchester County）法官判決「跨性別者」也受職場歧視相關法律規定的保護。

當然也不是所有人都認同法官的判決。一位紐約法律部落客就曾在寫到這案子時提出質疑，認為此決定可能在上訴時被推翻：「此案中的疑似歧視是源自於被告的性別，還是她選擇穿著與自己生理性別不符的衣著？她所疑似受到的騷擾究竟和一個人總是穿小丑裝到職場有何差別？」

二十一世紀的第一個十年，美國全國有關跨性別的討論還非常少，得到的聲援通常也僅限於法律文件層面。當時的美國國務院需要性別重建手術證明才發護照給跨性別者，有四十七個州需要性別重建手術證明才會核發新的出生證明，另外有三個州（愛達荷、俄亥俄和田納西州）即便出示性別重建手術證明，也無法針對出生證明進行任何修改。沒有人知道全美認同為跨性別者有多少。針對女同志、男同志和雙性戀的研究文獻很多，但針對跨性別者的資料卻少很多，實際情況是，人們即便匿名還是不願意承認自己為跨性別者，因此很難進行研究。

然而，對於懷特而言，聲稱自己是個女孩就像聲稱自己是右撇子一樣自然。面對凱莉為懷特做的所有決定，包括衣著以及代名詞，韋恩仍然處於幾乎全面退讓的狀態；但由於學校同學和老師逐漸接受懷特的女性特質，韋恩也意識到，不只懷特本人對於自己是女生的信念沒有減退，身邊大部分人也比以前更能接受他的本質。雖然發現韋恩必須靠他人肯定才能接受她的意見，這讓凱莉有些沮喪，但另一方面，懷特的過渡確實是靠著外界涵養才得以完成。

二〇〇六年十二月，一個幫助加速過渡的機會出現了。那年學校的四年級生要在聖誕音樂會上台表演，懷特也想參加。舞台的規劃是女生穿黑裙白上衣站一邊，男孩則穿黑長褲與白襯衫與領帶站另一邊。他懇求父母讓他穿裙子。韋恩不想參與這個決定，凱莉只好求助於麗莎·爾哈特。

她提了個折衷的建議：懷特可以穿看起來類似裙子的短褲裙。演唱會當晚，很少討懷特開心的韋恩送上了一束玫瑰。站在女生區的懷特身上穿著白色女版上衣與黑褲裙，雖然不知是刻意設計還是意外，他站在男生與女生區的接縫處。他非常陶醉，從頭到尾散發著驕傲與喜悅的光輝。過渡已經開始了，但當時似乎還沒有人注意到。

13 發洩怒氣

升上五年級之前，所有四年級生都被要求填寫一份對於下個學年的想法、感受與目標的問卷，雙胞胎當然也不例外。

問：你希望在五年級時學到什麼？

懷特：「我希望在歷史祭時學到更多有關歷史的知識。我想演艾比・柏吉斯（Abbie Burgess，緬因人，十九世紀看守燈塔的英雄角色）。五年級生活一定很酷！我等不及了！我的五年級生活一定會很炫！」

喬拿斯：「不太知道耶。我想我對一切都很期待吧。如果一定要選的話大概會選火箭，畢竟我從三年級開始就很想做火箭。我也很期待歷史祭，打算研究老羅斯福總統。」

問：「你會做什麼來達成你的目標？」

懷特：「我會深入研究艾比・柏吉斯。我會變得更友善、穿甜美的衣服，然後還是要**做自**

己！」

喬拿斯：「我會認真唸書，那是唯一能稱霸學業的方法。我認為努力對心靈有益，而且對歷史祭也很有幫助。不過我實在不知道去哪裡找看起來像老羅斯福的衣服！」

問：「如果打算寫一本書，你會寫什麼類型的故事（懸疑、喜劇之類的）？你的主角會是什麼樣子？」

懷特：「我會寫懸疑、喜劇融合奇幻的故事。會寫喜劇是因為我有點搞笑，懸疑可以幫助喜劇和奇幻故事充滿更多可能性。我的主角會非常火辣、絕不害怕，配角則完全相反，但火辣程度乘以十。」

二〇〇七年四月底的一個晚上，韋恩和凱莉陪懷特一起收看芭芭拉．華特斯（Barbara Walters）的新聞雜誌節目《20/20》，那天的特集主題是跨性別孩童，喬拿斯則在遊戲間內沉浸於他的動作英雄玩具。華特斯分析了一位名叫「傑斯」（Jazz）的男孩，他和懷特與喬拿斯年紀相仿，出生時是男生，但很小就覺得自己是女生。節目還記錄了這個家庭在過程中所經歷的掙扎，所有細節都和梅因斯家很像，比如傑斯也想公開表示自己是女孩，但家長因為恐懼而阻止了他。傑斯的家長和韋恩及凱莉一樣決定選擇中性衣著，尤其在傑斯還沒進小學之前：他被允許穿女性化上衣，但要搭配長褲，而傑斯也和懷特一樣為此感到挫敗、憤怒。

根據沒有以本名示人的家長表示，轉捩點是一次舞蹈表演，他們不讓傑斯像其他芭蕾課上的女孩一樣穿蓬裙舞衣，結果格格不入的傑斯在台上顯然非常沮喪。

「她感覺只是呆站在那裡彈手指踏腳尖，看起來很傷心，」傑斯母親回憶，「看他那樣太令人心碎了。真的是心碎。」

「所以在傑斯五歲生日時，他們辦了場類似公開出櫃的泳池派對，傑斯穿著女生的一件式泳衣出場，『他』從此變成了『她』。」

知道世上有其他人跟他一樣，懷特大大鬆了口氣。韋恩則顯得無法置信。他意識到懷特擁有跟傑斯類似的憤怒問題，此外，他和凱莉也同樣受焦慮所苦，但傑斯的家長竟然可以在全國播放的節目上談論這個問題。他在看節目的過程中始終得努力忍住眼淚。

「簡直像在看鏡子一樣。」他告訴凱莉。

懷特造訪霍姆斯醫生超過一年後，某次表示想把手指伸進喉嚨，他說不是為了催吐，但不知道原因，也不確定是身體真想這麼做還是純粹想像。不過他提到前一個禮拜因為某事而對父母生氣，用力摔了臥房門，結果他們為了阻止他再犯而把絞鍊拿掉。

「我得發洩怒氣。」他告訴霍姆斯。

「但摔東西不見得每次都有幫助。」她輕柔地說。

懷特似乎不同意她的看法。那天的後半段療程，霍姆斯試圖引導他進行遊戲治療，懷特將幾個娃娃指認為學校的女性朋友，不過她們都很惡毒，會說他的壞話。接著他讓那些娃娃去向霍姆斯手上的奶奶娃娃尋求建議，想知道如何不和懷特吵架，而是好好解決問題。不過治療最後，懷特說了，「算了，我根本不期待她們會說出那些好話。」

此時的懷特和喬拿斯不再那麼依賴彼此。兩人之中通常是懷特比較容易覺得自己受到誤解，比如有一次和喬拿斯吵架，卻被媽媽打斷之後，懷特因為過於痛苦所以寫了封信給她：

我的怒氣對情況沒有幫助，我知道。我覺得你對喬拿斯比較好，但也不是要你對我比較好，只是當壞事發生時，你好像都會假設是我的問題，把我當成壞人。我不是！每次你對我發脾氣，喬拿斯的好孩子分數就又往上提升，看起來就又比我厲害、比我棒。我覺得你把他當成完美的孩子，而我只是「另一個」孩子。每次你做了（上面提到）那些事我就會覺得很糟。我拿水噴喬拿斯時，你覺得我是因為怒氣才這麼做，但不是，是他先噴了我很多水，我只是噴回去而已！就是這樣我才覺得你都把我當壞人。媽，請記得故事一定有兩方不同的說法，不要隨便下結論。以後你處罰我的時候，先讓我解釋，你現在都在我說完話之前就打斷我，處罰我。

為了讓所有醫生確認懷特的女性認同狀態，二〇〇七年五月，他首次接受了一連串的心理評估。東緬因諮商及檢測服務中心（Eastern Maine Counseling and Testing Services）的臨床心理師提姆・羅傑斯（Tim Rogers）先針對凱莉進行訪談，之後是懷特。他觀察了懷特在課堂上的狀況，發現穿著全新女性服裝的懷特在面對外人時特別緊張。他還是喜歡自己的衣著，但也愈來愈在意他人眼光，也因此突然變得很難維繫友誼。羅傑斯問他原因，懷特回答，「因為我是一個想當女生的男生，有時候人們對此並不了解。」羅傑斯也觀察到他對於散彈槍、火箭筒和爆裂物開始產生興趣。

「我喜歡暴力的東西，」他告訴心理師，「我想當女生，但也喜歡暴力的東西。想像摧毀那些討人厭的傢伙真的很好玩。」

至於他最大的恐懼，「必須以男人模樣升上高中。」

這些心理測驗並沒有測出什麼令人驚訝的結果。梅因斯家非常了解懷特根深蒂固的女性認同。他可能得以男性身分成長的挫敗及恐懼也確實助長了部分暴力幻想。凱莉很擔心，畢竟愈接近青春期，懷特的焦慮與沮喪就會更強烈。懷特真的是個跨性別者，她很清楚，因此，假如臉上長出鬍鬚及其他男性特徵出現的恐懼會讓他生病，那或許該帶他去找個能解決問題的醫生了。

沒有自然，只有自然產生的效應。

——雅克・德希達（Jacques Derrida）

二、
性別腦科學

14 性別的X染色體和Y染色體

人們總認為他們可以控制新生兒的性別，或至少能影響新生兒走向男性或女性的方向。古羅馬人相信孕婦將一顆雞蛋放在靠近胸部之處就能生出男孩；亞里斯多德也認為受孕當天吹北風會生男孩，吹南風就會生女孩。西元一世紀，老普林尼曾列出一份增加生出男孩機率的方法清單：無論男性或女性，都該在受孕前連續四十天的晚餐前飲用三杯含有水蓼種子之水，或飲用由帕德南草雄蕊汁與葡萄乾釀酒混合而成的飲品。另外還有個絕對能成功生兒子的絕招：吃雞睪丸。

西元二世紀的希臘哲學家蓋倫也不干示弱地提供了以下建議：女性如果要生男孩，交媾前一定要在右腳綁上屬於孩童的白緞帶，男性則該在過程中保持右側躺於床面。就連惡作劇都可能影響孩子性別——只要在本人不知情的狀況下把荷蘭芹放到孕婦頭上，她下一個提到的人的性別就會決定孩子的性別。

希波克拉底的解決方式或許最簡單，但也最令人痛苦：想生女孩，就把男人的右邊睪丸綁起來；想生男孩，就把左邊睪丸綁起來。

當代理論稍微複雜一點，但比較沒壞處，舉例來說，帶有X染色體的精子會製造出女孩，相對於帶有Y染色體的精子，它們游得比較慢，但活得比較久，因此如果想生女孩，就要在排卵前幾天性交，這樣才有時間讓帶有Y染色體的精子死光。

我們所確知的是：人一開始都屬於無性別，至少就性解剖學而言確實如此。我們的二十三對染色體使我們在基因上成為男性（XY）或女性（XX），但參與性認同發展階段的至少有五十對基因，且在初期階段的表現程度各有不同。

然而性解剖學大多由荷爾蒙決定，我們一開始在子宮中擁有一個類似性器「芽」的組織，另外在肛門旁有個洞，如果睪酮增加，胎兒就會往男性方向發展，芽會長成陰莖，洞週遭的組織則會融合形成陰囊（這形成了從陰囊延伸到陰莖的那條「接縫線」）。此外還會有抑制荷爾蒙阻礙男性發展出女性的內生殖器。

如果沒有睪酮，胚胎就會往女性方向發展：那個開口會成為陰道與陰唇，芽則成為陰蒂。

生殖器的性分化大約在第六週時發生，但大腦的性分化，包含性別認同和性別行為設定，卻有一大部分是另外發展的。荷爾蒙在此仍扮演重要角色，睪酮的激升會間接「男性化」部分胎兒的大腦，使大腦結構和功能活動產生微妙但明確的分化。舉例來說，女性在大腦前葉表層底下那條名為直腦回（straight gyrus）的中線比男性約大百分之十，科學家發現這條直腦回與社交認知高度相關——也就是人際意識。然而，同樣一批科學家也提醒，生理性的差異並非固著且絕對無法被改變。在成年人身上，他們發現無論生理性如何，只要直腦回愈大，個體行為便會愈女性化。對於大多男性而言，男性荷爾蒙的對大腦的作用對於男性的性別發展至關重要。X染色體上任一雄激素受器上只要產生一個突變，就能造成雄激素不敏感症候群（androgen insensitivity syndrome），導致腦部的男性化作用失敗，當這種情況發生，嬰兒出生雖帶有男性染色體（XY），也確實擁有睪丸而非卵巢，但同時會有一個短陰道，而且外在模樣是女性。這個孩子長大後的性別認同也會幾乎完全傾向於女性。

換句話說，我們的生殖器和性別認同不是同一件事。性解剖學和性別認同源自兩組不同的發展系統，在我們出生之前走的是不同的神經途徑，發展時間點也不同。雖然兩者同為基因和荷爾蒙作用的結果，性解剖學和性別認同的結果也通常相符，但過程中仍有數十種生物事件足以影響後者，導致兩者之間出現差異。

大腦和身體是作為「人」的兩個非常不同的面向，尤其是在性與性別這方面。我們是誰，男生或女生，當然是大腦作用的結果，但我們出生時的外表、進入青春期的樣貌、受誰吸引或行為表現——像男生、像女生、或者是介於兩者之間——全都是不同群腦細胞以不同模式成長作用的結果。最終的個別認同是生物作用的結果，是性荷爾蒙與大腦發展的交互作用，由於這段過程是在子宮中緩慢進行的，所以還會遭遇許多環境影響因子。

在實驗室中用動物作為模型研究性別認同是不可能的事，畢竟我們無法知道一隻雄性猴子是否感覺自己是隻雄性猴子。我們也沒有針對跨性別者的研究模型，沒有相關實驗室協議、也沒有相關的雙盲、安慰劑控制或隨機試驗。我們有的就是人類，每個人通常在毫無思考的情況下試圖理解自己是男性、女性、或介於兩者之間。

因此最後產生的排列組合有無限多種。有些人的染色體是一個性別，但性器官卻屬於另一性別；另外有些人出生時擁有男性生殖器和睪丸，但體內又有子宮和輸卵管；甚至還有人同時擁有男性生殖器、小睪丸和卵巢。然後也有二〇一〇年在澳洲發現的那種案例：一位孕婦即將生產第三個孩子，卻被發現身體裡大部分細胞染色體屬於男性。怎麼可能呢？那位女性應該本身就是雙胚胎的結果，也就是一個男孩和一個女孩在她母親的子宮中結合。根據性器官判斷，她是女性，但基因卻同時屬於男性及女性，這被稱為「嵌合現象」（chimerism）。有些人則擁有非典型的染色體組合，像是XXX或XXY或XYY；還有人體內不同組織的染色體排列不同，被稱為鑲嵌現象（mosaicism）。

除了染色體之外，任何與荷爾蒙平衡有關的突變與改變都會使性發展朝向不同方向，而且完全無視於染色體怎麼「說」。科學家已經辨識出超過二十五個可能影響性發展方向的基因，隨著DNA排序的進行，他們也發現這些基因非常多變異可能。超過四十年來，研究者也清楚微嵌合現象時常發生，也就是來自男性胎兒的幹細胞會跨越胎盤進入母體，而母體的幹細胞也會跨越胎盤後進入男性胎兒，但直到最近，他們才發現這種交換結果會維持一輩子。

因此，沒有一件事能獨力決定性別，那其實是個系統。而跟所有其他系統一樣的是，任何微小的改變或中斷都可能造成非截然二分的結果，也就是出現非全男或非全女的個體。其實，根據布朗大學（Brown University）性別研究員安妮．佛斯托－史德林（Ann Fausto-Sterling）指出，每一百個新生兒中就有一個新生兒的性解剖結構並非標準男性或女性，過去這些人被稱為雌雄同體（hermaphrodite），但今日的科學家估計，每兩千位新生兒中就有一位在出生時擁有非典型的外生殖器，因此必須諮詢性分化方面的專家。

歷史上而言，醫生在間性人（inter-sex）出生時所做的處置鮮少基於生物因素，反而往往基於文化期待和刻板印象。最常見的例子是外生殖器形狀曖昧，比如女嬰擁有過大陰蒂或男嬰擁有過小陰莖。一九七〇年代，部分醫院決定處置的基準主要是陰莖的長度，如果男嬰的陰莖短於一般站立排尿所需的二點五公分，就會被判定為女性。這些案例中的醫療專業人員通常無法接受外生殖器曖昧，所以大多會要求家長在嬰兒出生時立刻決定他們的性別，好交由外科醫生「修正」問題。

一九五六年八月十四日，紐澤西一位信仰天主教的母親就面臨了這種狀況，她的新生兒看不出是擁有過大陰蒂還是過小陰莖，因為沒人可以確定，不知所措的醫生還把母親鎮靜昏迷了三日，就為了爭取時間想出解決方法。最後他們建議家長把嬰兒視為男性，所以父母帶著名叫布萊恩的嬰兒回家，但十八個月後，醫生卻經由手術發現布萊恩擁有子宮和卵睪體——也就是同時擁有卵巢與睪丸的組織。由於發現了子宮，醫生通知家長之前判斷錯誤，布萊恩其實是女孩，所以他們移除了她過小的陰莖（或者說過大的陰蒂），而布萊恩也被重新命名為邦妮。醫生還建議他們該假裝沒這回事，並丟掉所有嬰兒穿得像男孩的照片。基於相信醫生的專業，家長完全遵循這些建議。

邦妮八歲時又接受了一次手術，目的是移除卵睪體的睪丸組織，但家長只跟她說是為了讓她肚子不再痛。邦妮直到十歲才得知真相，雖然深感困擾，但她選擇保守祕密，專注學業，並避開所有親密關係。最後她從麻省理工學院以數學學士身分畢業，創立了一間科技公司。接近四十歲時，她與一位性別專家通信，並在《科學》（*Sciences*）期刊上刊登了一封公開信，希望徵求擁有間性人經驗者加入當時尚未成立的「北美間性人社團」，最後署名為：雪若．卻斯（Cheryl Chase）。沒想到來信非常踴躍，社團迅速成立，而雪若．卻斯也成為間性運動的代言人。她呼籲醫生不該直接對間性嬰兒動手術，而是到適當的年齡後交由他們自己決定。

之所以提出這項訴求，是因為他們認為性矯正手術常基於文化壓力而非生物因素。對此卻斯表示，間性人不該被視為畸形、不正常或怪異的個體，因此醫生首先建議的處置不該是手術。

卻斯和間性人社團反對在一九六〇、七〇年代箝制整個心理、精神及性政治圈的行為主義（behaviorism），此主義最熱切的支持者是約翰霍普金斯大學（Johns Hopkins University）的約翰．莫尼（John Money）博士，他深信性別認同是一種社會建構，因此在面對外生殖器曖昧或不正常的嬰兒時，父母應該直接決定自己想要哪一個性別的孩子，然後提供適當的衣物並引導孩子走向特定性別道路，之後自然會得到理想的結果。

莫尼用來展示的「樣品」是一名在一九六五年八月出生的孩子：他是一個名叫布魯斯的健康男嬰——其實是同卵雙胞胎的其中一位——八個月大時，一場手術中為了處理阻塞問題而進行的燒灼治療意外燒掉了布魯斯的陰莖，莫尼於是建議家長把他以「布蘭達」的身分撫養長大，所以這名男嬰被移除睪丸，得到女生的名字與衣物，並被當作女孩撫養。布蘭達進入青春期後，他們還在本人不知道的情況下進行女性荷爾蒙治療，使她在那段時間長出胸部。布蘭達的童年總是充滿無止盡的霸凌與嘲諷，因為除了女性衣著與荷爾蒙之外，她完全不覺得自己是女生，行為舉止也不像。直到青少女時期，她滿腦子都是輕生念頭，父母才告訴她真相，讓她在十四歲時準備變性為男生。到了三十歲，已經改稱自己為大衛・瑞默爾（David Reimer）的布蘭達經歷了乳房切除術、睪酮注射及兩次的陽具重建手術，最後結婚也收養了孩子，但仍被莫尼醫生和父母的決定所折磨。他的雙胞胎兄弟一生都有心理方面的疾病，最後因為過度服用抗憂鬱劑身亡，兩年之後，三十八歲的大衛也自殺了。

這段過程中，病患都還在世，莫尼卻一直向大眾更新這個「實驗」案例的性別重建手術進度，還在一九七二年和一九七七年發表了歡慶實驗成功的文章。直到一九九〇年代，米爾頓・戴蒙醫生（Dr. Milton Diamond）找到治療青少女布蘭達的精神科醫生，才揭發了這個謊言。莫尼口中的大成功其實是場無從挽回的悲劇，布蘭達在成長過程中始終想要撕爛衣服、踩壞洋娃娃，而且總是被人騷擾，還被說成「黑猩猩」或「穴居婦女」。大衛・瑞默爾備受折磨的故事被發表在一九九七年的一篇學術文章中，二〇〇〇年還出版了一本相關書籍，大程度地扭轉了「先天／後天」論辯中的焦點，至少在大腦性別這塊領域是如此。

當時逐漸廣為接受的觀點認定性別天生，而且在出生前就已決定，但瑞默爾的案例無法解釋性解剖學與性別認同之間的落差。其實瑞默爾的處境讓許多細節更難被理解。一九五三年，曾為美國大兵的喬治・約振森（George Jorgensen）從歐洲以克莉絲汀・約振森（Christine Jorgensen）的身分回到美國，他是首先接受性別重建手術的美國人，不過當時男性想變成女性並沒有被視為醫療問題，而是精神問題，因此，大眾會被給予這些人一些聳動的稱謂，像是「性倒錯者」、「類陰陽人」或「性調包怪」。到了一九七〇年代，英國作家珍・莫里斯（Jan Morris）和網球選手瑞妮・理察斯（Renee Richards）由男性變性為女性，不但出了暢銷書還登上主流媒體頭條，但這些現在被稱為跨性別者的人畢竟還是邊緣人、自然的偏差產品，或者科學上無法解釋的存在。

直到最近十年，性別才逐漸被視為一個光譜，人們並不一定全然陽性或陰性，而是兩者的混合體：舉例來說，男孩子氣的女生和女孩子氣的男生比比皆是。最近臉書和約會網站「OK邱比特」都在男性與女性之外加了一個自訂的性別選欄，其中包括「無性別」（agender）、「雙性別」（bigender）、「泛性別」（pangender）、「性別酷兒」（genderqueer）和「兩性」（androgyny）[3]等十數個選項。

首先採取非性別二元分類的大多是學術機構，全國許多學校都在校內資訊系統內增添了性別中立選項，因此，教授拿到學生名單時，上面會包括每位學生想被稱呼的代名詞資訊，包括「他」、「她」、「他們」，或是性別中立的「xe」、「xyr」和「xem」。

但對於那些性解剖構造與心理認同不相符的人而言，並沒有所謂的「性心理中立」[4]。他們或許同意性別是光譜，但也非常清楚自己落在光譜的什麼位置。紐約石溪大學的研究在二〇一五年也證實了這點。研究者找來三十二位五到十二歲的孩童，他們全是來自支援系統良好家庭的跨性別者，也都仍未進入青春期，在問了他們一系列足以精確檢驗性別認同的問題之後——那是一種間接連結測驗，意圖估算受試者將男性與女性的概念與「我」及「非我」連結起來的速度——結果發現跨性別組（包含由男變女及由女變男兩者）和控制組的順性別孩童（也就是性解剖結構與性別認同相符者）的反應並無差別。

正是這種身體與心靈的不一致導致折磨人的身體疏離感，順性別者當然也有喜歡或不喜歡自己身體的分別，並試圖進行改變或加強，但他們不會否認自己的身體。那是一種大多藏於潛意識的親密認知，所以跨性別者在面對身體自我的議題時，幾乎是時時刻刻都感覺到真我被否定。對於這些人而言，身體和他們的自我認知相左，或者說跟他們認為自己該有的樣子相左。他們對於維持自己活在世上的載體感到疏離，但沒有任何心理諮商或行為制約能處理這種衝

---

3. 無性別：沒有發展性別或認為自身不屬任何一種性別，對任何性別認同都沒有歸屬；雙性別：認為自己既是男性又是女性，是男女兩種性別的結合體，可在兩者之間切換；泛性別：是所有或多種性別特質的混合體，這其中並不一定是傳統的二元性別；性別酷兒：為一群「性別認同」類型的統稱，用來指稱「不單純歸屬於」傳統上的「男性」或「女性」之性別特質之自我認同。兩性：擁有混合特徵或者兩種特徵都很強烈的人。（以上部分參考維基百科定義。）

4. 性心理中立（psychosexual neutrality）理論認為人的性別取決於孩子以何種性別被養大的後天環境，而非基因組成或在母親孕期中所受到的影響。

突，唯一的出路就是使身體與心靈一致。

二〇〇八年在德國，十六歲的金姆・佩卓斯（Kim Petras）經歷了性別重建手術，她和懷特一樣出生時為男性，但兩歲就開始熱愛芭比娃娃及穿洋裝，隨著時光流逝，金姆的家長都意識到兒子堅持自己是女生是有原因的，其中父親所說的話更呼應了凱莉從一開始看待懷特的方式：「我們把金姆視為一個女孩，而不是個問題。」

世界上許多人都不同意這句話強調的概念，甚至包括許多跨性別者家長與醫界專業人士。過去（現在也常是如此）許多家長總帶著自我認同為女性的兒子到處求醫，但最後只得知自己的孩子需要密集治療，或需要被送到精神醫學機構；不過仍有其他人意識到，強迫這些孩子在不是自己的身體裡經歷青春期會帶來多大的傷害。

正因如此，金姆・佩卓斯的家長終於找了一位表示可以幫忙的醫生，他是伯恩德・梅耶伯格（Bernd Meyenburg），法蘭克福醫院大學（University of Frankfurt Hospital）認同障礙之孩童與青少年的精神科特別病患門診（Psychiatric Special Outpatient Clinic for Children and Adolescents with Identity Disorders）院長，他告訴他們，很少有小兒科醫生理解性別不安，也請他們想像一個女孩臉上長出鬍子、聲音變低沉或一個男孩長出胸部又有了月經會是什麼情況。金姆・佩卓斯在十二歲時開始了女性荷爾蒙治療。在德國，性別重建手術必須滿十八歲才能進行，但金姆得到特殊豁免，並在十六歲時成功完成療程。之後她的父親告訴媒體，「我以為自己會比妻子更難接受這件事，但金姆是個非常有說服力的女孩，她知道自己要什麼，也知道該怎麼達成目標。我以她成就的一切為榮，包括她如何完成這趟旅程，以及無論多難、多苦都要追求夢想的決心。」

二十一世紀開始之前，跨性別孩童無法在青春期之前採取行動，也無法推遲青春期，以爭取身體成為徹底男性或女性之前的寶貴時間，因此，所有性別重建手術都是在完全發育的男體或女體身上執行。跨性別者想讓身體與心靈同步的慾望，促使他們接受性別重建手術，但要是結果不如預期，此時必須付出的心理後果極具毀滅性，而且大多情況都確實如此。

四十歲的麥克・潘納（Mike Penner）是《洛杉磯時報》（*Los Angeles Times*）的資深運動記者，二〇〇七年四月二十六日，他固定刊出的週四專欄出現了一個驚人的標題：「過去的麥克，明日的克莉絲汀。」文章的頭四段非常驚心動魄，甚至可說史無前例：

> 在時報的運動部門工作了二十三年，我扮演過各種角色，擁有過各種頭銜：網球賽寫手、安納罕天使隊專屬記者、奧運賽寫手、雜文家、運動媒體評論員、國家美式橄欖球聯盟專欄作家，最近則是時報「晨間簡報」的推手。

但從今天開始，我即將休假幾個禮拜，之後將帶著全新的生命回到崗位。以克莉絲汀的身分。

我是一名跨性別運動寫作者。我花費了超過四十年、無止盡的淚水及數百小時探索靈魂深處的治療，才終於鼓起勇氣打下這些文字。我知道許多讀者、同事和朋友讀到這裡一定非常震驚。

他們確實很震驚，但潘納心意已決，也選好「克莉絲汀・丹倪爾」作為新名字。之所以選擇「克莉絲汀」是為了向跨性別先鋒克莉絲汀・約振森（Christine Jorgensen）致敬，「丹倪爾」則是他原本的中間名。接下來就是為期三十一個月的狂喜、輿論稱讚、私生活挑戰、憂鬱，但最後終究還是性別重建回男性。潘納身高一百九十公分，肩膀寬闊，聲音低沉，面對身邊所有人時總隱藏自己的性別不安，包括他的妻子。雖然公開自己的決定在心理上是一種解放，但也讓他失去了婚姻，而以女性身分過活也非常困難。第一個徵兆出現在他宣布變性後數週，她出席了英國足球明星貝克漢在洛杉磯的記者會，那是潘納首次以丹倪爾的新身分出席體育活動，之後她將這段經驗寫在部落格上：

> 他（貝克漢）穿著一身銀灰色的巴寶莉（Burberry）西裝抵達，身旁圍滿助理及支持者。我穿著羅斯（Ross）的金色調上衣及埃姆斯（Ames）的多彩佩斯利圖樣裙子出席，腳上穿著愛柔仕（Aerosoles）的開趾高跟鞋，身邊一個人都沒有。

另外一位出席的記者決定在自己的部落格上提到克莉絲汀：

> 我實在不想指指點點，但克莉絲汀實在不是個有吸引力的女人。她看起來就像穿著洋裝的男人，真的，就算有人曾被那些資深變裝癖唬過去，但今天只要注意看她的人都不可能受騙。或許這樣說很殘酷，但那個空間內有人出生就是女性，靈魂也是女性，而她們和克莉絲汀之間的差異在我看來實在太大了。我們簡直像在配合某人的角色扮演遊戲。

對丹倪爾來說，這一切都太殘酷、太傷人了，他攝取女性荷爾蒙、化妝、戴假髮、著女裝，但外表就各方面而言仍不幸地就是麥克．潘納。丹倪爾同意接受《浮華世界》（*Vanity Fair*）的專訪，也安排了攝影，事後，攝影師試圖解釋過程如何成為一場災難，他向《紐約時報》（*New York Times*）表示，自己努力想說出正確的話，但「面對一個看起來就像男人的人，你要怎麼說出『你是個美麗的女人』？」書寫這篇報導的記者也為這項說法背書，並表示，因為害怕丹倪爾因此出現自殺傾向，所以在攝影浩劫之後，他決定抽掉這篇訪談。

丹倪爾的妻子提出離婚申請，許多朋友也消失了，雖然她交了新朋友，也得到許多支持者，但輿論平息後，她發現自己孤身一人住在小公寓內，還失去了幾乎陪伴他整段成年生活的夥伴。

因為被憂鬱淹沒，丹倪爾停止攝取女性荷爾蒙，也疏遠了所有新舊朋友。她覺得自己作為女性失敗了，並在寂寞的折磨下決定變回男性，甚至在《洛杉磯時報》的專欄作家姓名也改回了麥克．潘納。因此，二〇〇九年十一月二十七日，穿著藍色襯衫、黑色牛仔褲和黑白愛迪達球鞋自殺的是麥克．潘納。在小公寓地下車庫內那台一九九七年分的豐田凱美瑞車中，他因為一氧化碳中毒而死。

15 偷換性別

當代人異常執迷於個體的自我定義，但其實，從人格（personhood）進展為自我定義（self-definition）的重要性早發端於啟蒙時代，英國經驗主義者宣稱人類的中心組成是經驗而非理性，那意味著個體在擁有特定法律權利的同時，也得肩負起道德責任。到了十九世紀，都市化、機械化及人口成長使國家必須更精確地掌握所有個體，因此，因應出現的各種「分類」手段並非思考工具，而是為了服務社會、經濟與政治現況的方法。於是每個個體都有了自我認同，也以我們想要的方式被系統化地整理組織起來，比如宗教、階級、行業、性別，都是為了讓政府得以掌控人民。

「能夠說出我們是誰、為什麼在此，以及將前往何處是非常重要的，」彼得·布魯克斯（Peter Brooks）在他的著作《認同之謎》（*Enigmas of Identity*）中寫道，「個體所追尋的自我似乎總是順應著社會去了解、分類，並藉由這些外在因素來組織自我。」造成這些分隔的不只是種族、宗教或經濟階層，也跟性有關。

布魯克斯聲稱，十九世紀末的作家／知識分子／享樂主義者王爾德之所以因同性戀身分受審，代表了「性認同的分類變得愈來愈穩固」——每個人都得是異性戀或同性戀。其實人類歷史大多時期皆是如此，這對依賴勞務分工、遺產繼承甚至宗教儀式的經濟系統至關重要。

性別界線是由儀式與固定行為所維持，甚至在最高層級的天主教會也是如此，羅德里歐・波吉亞樞機主教（Cardinal Rodrigo Borgia）在一四九二年被選任為教宗，據說他曾被要求坐在一張攜帶式教宗座椅上，座椅的一部份被割開，好讓所有梵諦岡高層得以在樞機主教見證下伸手撫摸未來教宗亞歷山大六世的外生殖器。一切程序完成後，梵諦岡高層會向樞機主教們宣布「Habet duos testiculos et bene pendentes」，意思是「他擁有兩顆掛得好好的睪丸」。

為了探討這個奇怪儀式的必要性——有些梵諦岡內部人員抗議表示這非必要流程——人們提出許多不同理論，其中最廣為接受的是確認天主教會的未來領袖不是女人。此理論的依據來自九世紀一項具有爭議性的資訊，據傳當時有一位英格蘭女性在眾人不知情的狀況下被指派為樞機主教，之後還成為接任教宗李奧四世（Pope Leo IV）的人選。這位教皇（據稱為約翰八世或教宗瓊安）的統治時期只維持了兩年四個月，最後謠傳在一次教會行進中昏倒後產子，另外的普遍說法則指出，假扮男子成為教皇的行徑讓她被投石致死。

性別「詐欺」比較常在體育界發生。一九三六年柏林奧運，納粹高層逼迫跳高選手赫曼・羅真（Hermann Ratjen）以朵拉・羅真（Dora Ratjen）的身分出賽，以確保第三帝國可以拿到更多金牌。不幸的是，赫曼並沒有以朵拉的身分站上頒獎台，她只拿到第四名，這場詐欺也沒被發現，但兩年後，一位足球迷偶然發現一名參與田徑比賽的德國女性運動員臉上有鬍渣，最後醫療相關人士證實朵拉其實是名男性，羅真於是從此被禁止參加國際競賽。

同樣參與柏林奧運的海倫．史帝芬斯（Helen Stephens）則是來自聖路易斯（St. Louis）的女性短跑選手，她也被波蘭記者指控真實身分為男性，指控動機大概是因為對波蘭跑者史黛拉．華許（Stella Walsh）的支持。史帝芬斯橫掃了百碼衝刺賽，也打破了華許所維持的世界紀錄後拿到金牌，但因為有人指控，也提出了正式抗議，奧運官方執行了視覺性別檢驗，並判定史帝芬斯並未違規。

奇特的是，華許可能才是不符合標準的那個人。一九八〇年，她在克里夫蘭一間量販店停車場因為一場搶劫意外遭受槍擊身亡，當遺體進行解剖時，驗屍官發現她有一根無功能的微小陰莖，而且染色體其實大多為男性。不過基因檢測距離她早已結束的運動生涯已久，想必她對此鑲嵌現象從未知情。

國際奧運委員會（International Olympic Committee）從一九六八年開始執行基因檢測，但一九九六年奧運，八名女性中有七名被檢測擁有男性染色體，並確認有雄激素不敏感症候群，讓委員會面臨巨大難題。這種症狀會讓新生兒擁有正常女性外表，但仍擁有未下降或部分下降的睪丸，陰道較短（或幾乎沒有），有時也沒有子宮頸。這類困境迫使委員會在三年後停止性別檢測。因為事實是：沒有任何測驗足以證實一個人百分之百為男性或女性。二〇〇四年，委員會踏出非常激進的一步，他們修改規則，允許跨性別者在完成性別重建手術及最少兩年的術後荷爾蒙治療後參賽。二〇一一年，全國大學生體育協會（National Collegiate Athletic Association，NCAA）也為跨性別學生運動員修改章程，表示男轉女之跨性別者必須接受一年男性荷爾蒙抑制療程才能取得比賽資格。

二〇一四年，跨性別女克羅伊．洋森（Chloie Jönsson）被拒絕參加健身公司「跨健」（CrossFit）的年度舉重比賽女性組，因而提起控告。洋森是來自加州洛斯加圖斯（Los Gatos）的私人健身教練，她在八年前完成了性別重建手術，也從那時候開始進行荷爾蒙治療，然而健身公司律師解釋這項決定的信件內容卻充滿羞辱言詞。

> 基本且無法忽略的事實是：無論就體能或心理層面，做過性別重建手術的男性選手在基因組成上仍比女性選手有優勢……我們的決定不是基於「無知」或「自大」，而是對於人類基因組成的真切理解，這是基本生物學，或許你在高中時刻意忽略或跳過沒上吧。

亞曼達・埃勒（Amanda Eller）當時是機能內衣新創品牌「親愛凱特」（Dear Kate）的行銷經理，她在線上健身時事通訊《腹肌訓練時報》（*Tabata Times*）寫了篇總結「跨健」無知心態的文章，標題是：「我可以看見地平線，所以世界一定是平的。」就連全國大學生體育協會的《接納跨性別學生運動員》（*Inclusion of Transgender Student-Athletes*）手冊都直接指明「跨健」的論述大錯特錯：

> 根據醫療專家表示，認為跨性別女在女子組擁有超越所有女性表現的競爭優勢，或所經驗之一切與女性運動員原本就得面對的優勢與劣勢有所不同，其實都是沒有證據的猜想。

醫生和科學家都同意，在經過一年的女性或男性荷爾蒙抑制治療後，所有跨性別運動員原本的競爭優勢其實都消失了。事實上，女性卵巢原本就會分泌少量睪酮，跨性別女（通常沒有卵巢）體內的睪酮量可能還低於擁有女性內生殖器的一般女性。

為了表示支持，「親愛凱特」邀請了洋森參與公司二〇一四年的海索系列商品（Hazel Sport Collection）拍攝，「這次的拍攝是為了讚美女性運動員不同形式的體態與體型，」埃勒寫道，「我們很榮幸邀請她擔任親愛凱特的代言人，更何況她是這麼善良、帥氣。」

因為更多跨性運動員的出現，符合他們特殊生物、生理與心理需求的醫療專業需求也隨之增加。然而在二〇〇七年，全美只有一位專門治療跨性孩童的內分泌學家，而他所開設的「性別處理服務中心」（Gender Management Service，GeMS）位於波士頓兒童醫院，距離緬因州南部邊界有六十英里。

16 大自然中的異數

諾曼．史貝克（Norman Spack）醫生的辦公室位於一棟時髦且擁有中庭天窗的建築物內，整體氣氛和史貝克本人一樣開放、輕鬆。他是一名六十多歲的光頭男子，在一九七〇、八〇年代時展開了兒童內分泌專科醫師的生涯，並幫助營運一間內分泌診所，因為這份工作，他見過許多擁有性發展障礙的兒童與成人，但直到在非營利團體「橋過惡水」（Bridge Over Troubled Waters）做義工時，他才決定了此生志業。

這個團體仍在波士頓地區為無家可歸的年輕人提供服務。一九七〇年代，史貝克每個月和另一名醫生（通常是小兒科醫生）一同開著公務車，在波士頓公園（Boston Common）週遭、戰鬥區（Combat Zone）及灣村（Bay Village）定點為無家可歸的孩子看診。這些孩子大多因為逃家而流浪，年齡在十五到十七歲之間，通常是白人。他們走向公務車時身上總帶著大麻菸的味道。一天晚上，史貝克同事問了他一個問題。

「你已經出診三、四個月了，難道都不好奇為何總是看到同一批孩子嗎？」

史貝克確實沒想過這個問題。沒錯，即便警方努力把孩子送回家長身邊，他們卻總是會再次出現，尤其是那些表示自己是同性戀、穿得像女孩的男孩及穿得像男孩的女孩——他們不停看到的就是這些孩子。

「他們不是逃家，」另一位醫生說，「他們是被丟掉的。」

史貝克從未特別以批判眼光看待這些人，畢竟他是一名醫生，需要處理的就是醫療問題，跨性別孩子這種概念對他而言並不陌生，也從未讓他不自在。事實上，史貝克醫生對大自然中的異數非常熟悉。之前就讀西麻州威廉斯學院（Williams College）的史貝克主修歷史，但因為夢想成為醫生，所以大三、大四時大量修習醫學預科課程，在其中一堂課上，教授問他是否願意繼續另一名即將畢業的學生的研究計畫。看起來挺簡單的，史貝克想，那個計畫研究的是水螈從幼體到成體的生長史，試圖呈現兩棲類變態——水中出生、成長上岸，再回到水中下蛋——是如何進行。史貝克必須證明單靠加入荷爾蒙就能觸發水螈的變態。

早在讀大學時，史貝克就知道我們的身分——陸生或水生生物、男性或女性——都具有延展性。無論是在義工時期遇見的跨性別青少年，或在內分泌門診見到的間性個體，對他來說都跟低等生物水螈一樣是大自然的產物，因此並非異常或錯誤。但史貝克是在治療第一位跨性別患者後才真正理解了這一切。那是名哈佛學生，出生時被判定為女性，不過一直以男性衣著生活，他的大學室友理解也接受他，就連哈佛大學教務處都將他的資料列為男性，但他住在中西部的上流家庭卻不接受他。這名哈佛大學生希望史貝克為他進行睪酮治療，而史貝克是兒童內分泌醫生，通常治療的是兒童，要是接手這名病患，他勢必得踏出自己的舒適圈。最後史貝克同意了，但有個條件：「如果你願意教育我，我就為你治療。」

第一課：「性傾向是你上床的對象，」他告訴史貝克，「性別認同是你上床時的身分。」

在治療這名大學生的過程中，史貝克意外獲得許多同事的支持，原來他們也遇到愈來愈多擁有性別問題的孩子，史貝克治療成年人的經驗可為兒科提供許多寶貴知識。

他的同事確實沒錯。沒過多久，史貝克就到海外旅行，其中也特地造訪在治療跨性別成人與孩童方面都比美國先進多年 的荷蘭。負責領導醫療團隊的是路易斯．古侖（Louis Gooren），他在治療跨性別者的領域是世界知名的內分泌學者，也是首先開啟治療跨性別青少年的前鋒之一。古侖讓史貝克大開眼界，他終於知道原來可能在跨性別者進入青少年之前進行治療，並以此避過可能的創傷以及隨後性別重建手術可能遭遇的挑戰。為了替孩子爭取更多時間接受密集心理測驗，古侖找到了一個安全、有效的方法抑制青春期，以確定他們的性別不安情況有多強，之後再施以適當的荷爾蒙，幫助他們朝大腦所期望的性別方向發展。

之後，史貝克得到金錢與資源在波士頓兒童醫院開設自己的性別診所，首位患者是一位認同為女孩且尚未進入青春期的英國男孩。捷奇．葛林（Jackie Green）自殺未遂四次，如果進入男性青春期，以她的身形很可能長到一百九十三公分。史貝克給了她抑制青春期的藥物，之後又給予睪酮停止骨板生長，並讓她自然發育出胸部。英國不允許十八歲以下的跨性別者接受性別重建手術，即便在美國，願意為十八歲跨性別者動手術的醫生也不多，所以捷奇是十六歲在泰國完成了性別重建手術。於是，兩年後參加英格蘭小姐選美的捷奇是一位身高一百八十公分的絕美女性。她曾半開玩笑地告訴史貝克內心的唯一不滿：如果再高個幾公分，模特兒之路可能會走得更順遂。

二〇〇六年，在心理醫生維吉尼亞・霍姆斯的照看下，九歲的懷特・梅因斯成為史貝克治療的首批美國跨性別兒童患者之一。第一次看診時全家出席，但都緊張地不知該說什麼好。為了讓大家放心，史貝克先聲明：性別認同是取決於大腦，不是性解剖結構，而且發展中的大腦可能遭遇許多改變或微調孩童發展方向的事物，其中當然也包括性別認同的發展。但他也強調，就算孩子的穿著與行為都表現得像另一個性別，也不代表一定是跨性別者，這些孩子中只有四分之一直到青春期還堅持這類行為模式，不過對於這百分之二十五的孩童而言，光是想像困在錯誤身體內經歷青春期就像是一場詛咒。

這正是懷特最深的恐懼，聽到史貝克提到青春期阻斷藥物能夠使他不長出顯眼喉結、不變聲、不急速長高、不長出大骨架也不會長鬍鬚，他感到安心許多。不過首先，懷特得先接受心理測驗，通過後就能正式進入所謂的「12-16-18」療程。那代表懷特會在十二歲時（如果有需要的話會更早）服用青春期抑制藥物，藉由注射阻止他發展為成年男性，然後到了大約十六歲時開始服用女性荷爾蒙，此時胸部會迅速發育，在此同時喬拿斯則會經歷屬於他個人的青春期：長高、變聲、上唇冒出鬍渣——成為懷特如果沒有服藥會長成的模樣。十六歲的喬拿斯會比弟弟高上大約十公分，臉也會顯得比較方。最後，十八歲的懷特就可以接受性別重建手術了。

「我可以讓你得到想要的身高，也可以給你任何想要的聲音唷。」史貝克在首次見面時向懷特開玩笑。

「為什麼我不能現在就開始荷爾蒙治療？」他問。

「如果現在開始會阻礙你的成長，我們不希望這種情況發生。但只要喬拿斯有進入青春期的跡象，我們就可以開始了。」

換句話說，喬拿斯是實驗鼠。每個人進入青春期的時間點都不同，通常取決於遺傳，但喬拿斯和懷特是領養的，親生母親對他們的生父又所知甚少，所以很難預測這對雙胞胎進入青春期的時間點。因此，當懷特服用抑制青春期的藥物時，這個家族需要密切關注喬拿斯的狀態。喬拿斯不在意。事實上，他很高興自己能有所貢獻。

對於韋恩而言，這是又一次有家族以外的人表示這是正確決定，而且還是一名專家認為應該完成懷特所希望的轉變。無論他參不參與，這一切終將發生，他或許仍未完全信服，但不再阻止凱莉。凱莉則是完全鬆了一口氣，尤其在與史貝克醫生見過面後，那種舒暢感簡直太棒了。突然之間，多年來獨自承擔這一切的緊張、憂慮與困惑全都煙消雲散。終於有個人能幫忙改善現況，而且還是個足以讓她託付孩子的專業人士。

17 不一樣

幾個月後，懷特和父母又得面對另一個關鍵時刻：升上五年級。對雙胞胎而言，就讀阿薩．亞當斯小學基本上都很快樂，主要因為絕大多數的學生似乎都能接受懷特，但在像是奧羅諾這樣的小鎮，情勢往往也轉變得很快。雖然這是一座大學城，但也有許多世世代代定居於此的家庭，而這些人的人生觀通常比較侷限、保守。你會在課堂上看到鋸木廠工人的孩子坐在大學教授的孩子旁邊。另一個問題是，五年級的教室跟三、四年級的教室位在學校的不同區域，此區的女生與男生廁所都是多人共用，雖然只是建築設計上的微小改變，卻讓懷特必須面臨巨大的心理挑戰。

對於跨性別者而言，使用公共廁所是充滿爭議與焦慮的事。他們通常比較想用自己認同性別的廁所。之前這對懷特不是問題，因為使用的都是無性別單人廁所。凱莉不認為五年級的改變會讓懷特困擾，但她確實擔心其他孩子的想法，更精確的說，是擔心其他孩子家長的想法。她早已發現孩子對差異的接受度很高，包括性別流動行為，但凱莉擔心他們的家長總有一天會表示反對。

二〇〇七年一月七日，麗莎・爾哈特以校園諮商師的身分向奧羅諾教育委員會的特殊服務辦公室（Special Services Office）提交了復健法《五〇四法》申請：「通知家長於初期參與學員評估團隊」。所謂《五〇四法》的實行是為了預防任何障礙學員受到歧視，而所謂的障礙包括：

擁有心理、身體缺損，並因此實質限制個人參與一項或更多項生命活動；

擁有這樣的缺損紀錄；

被判定擁有足以影響照顧自我、執行手工、走路、觀看、聆聽、語言、呼吸、學習和工作的缺損。

凱莉一直和爾哈特討論該如何確保懷特安全度過五年級，爾哈特建議選擇通常用來保護肢體障礙、學習障礙、心理及行為問題的《五〇四法》。一開始凱莉不認為這有幫助，甚至覺得有些不妥，畢竟懷特沒有問題，但事實上，當他人以錯誤方式看待、對待他的同時，他也確實被診斷出了某種障礙。爾哈特說服凱莉相信《五〇四法》能保護懷特，而他的性別不安診斷確實也有資格申請。最重要的是：當學校在評估懷特需求時，凱莉及韋恩能因此擁有參與其中的資格。

二〇〇七年三月二十八日，凱莉、爾哈特、懷特未來的五年級導師、在校長請病假時代理的一位中學校長，以及特殊服務辦公室的代表聚在一起，目的是討論懷特未來可能面臨的相關挑戰，包括可能改變法律上的姓名。懷特在阿薩・亞當斯小學（Asa C. Adams Elementary School）已經被當作女生對待，他會和女孩子們一起討論如何穿衣、化妝，一起咯咯發笑，還會一起開男孩子玩笑。懷特在這裡過得很自在，也受歡迎，但五年級的他得面臨的是新老師和一些新同學，而無論家庭與校方都希望確保他在需要時能有尋求幫助的「安全」對象。韋恩還無法完全相信自己的孩子是跨性別者，但仍希望確保孩子在學校的安全，也希望他的需求得到滿足。

懷特留長髮、擦指甲油也穿女版上衣，但在表面裝飾之下，他清楚自己仍擁有男孩的身體。他有陰莖，而最害怕的就是讓別人看見陰莖的存在。這或許也是他在學校無法專心的緣故。他總是躁動、緊張，甚至會在自己感覺不順時找人吵架，在《五〇四法》表格中的最近「行為困擾」裡，麗莎・爾哈特寫上：「無法完成作業」、「容易感到挫敗」、「愛哭」、「焦躁」。此外這次會面最重要的決議，就是讓凱莉和學校達成共識：懷特應該使用女性廁所。

這些為了懷特所做的調整偶爾也會出現意想不到的結果。他和喬拿斯都有參與體育活動，但隨著年齡增長，懷特從運動得到的樂趣往往是同儕交流而非運動本身。九歲時，這對雙胞胎開始依據性別參與分組運動，比如小聯盟，懷特毫無疑問地表示想和其他女孩一起打壘球，而不是棒球。韋恩支持懷特的決定，但仍然讓凱莉去處理所有細節，她聯絡了緬因州校長聯盟，其中包括許多協調運動團隊的委員會，然後又打電話給緬因州學校系統中的好幾間學校，他們都擁有反歧視政策，但也都沒有提及性別認同。

這是一條新的戰線。凱莉一如往常地埋頭往前衝，她先是寫信給當地的壘球組織，教育他們理解這個議題，再向他們介紹懷特。他們因此回應表示會重新評估原有規則，也就是「各單位之季賽、特殊比賽及巡迴賽隊伍必須全由女性或男性組成」，但凱莉沒打算等他們慢慢來，她諮詢了「緬因平等」（MaineEquality）律師協會，然後又寫信給奧羅諾—維齊（Orono-Veazie）小聯盟，表示她和韋恩願意回答任何有關這個「特殊情況」的問題，附件則是來自「緬因平等」的律師信函，表示懷特參與緬因州壘球比賽的權利受到緬因州保護。這次，凱莉也沒打算坐等回覆，立刻又寄了一封電子郵件到康乃狄克州布里斯托的地區小聯盟辦公室，就為了確保自己做了一切可能的努力。這是凱莉第一次在正式通信中以女性代名詞稱呼懷特：

我們誠摯希望，開季時，我們的女兒能在友伴歡迎下加入她的團隊，也希望仰賴你們和你們的組織支持她這麼做的權利，另外還包括她的隱私權。

兩週之後，透過一連串的通信往返，地區辦公室同意了奧羅諾—維齊小聯盟的豁免申請，懷特因此得以加入期望中的壘球隊。他是個合格的球員了。不過加入球隊代表他得穿戴特定衣物，在打了幾場比賽後，他向霍姆斯醫生表達了他的憂慮。當霍姆斯醫生問他為什麼看起來既焦慮又難受時，他解釋自己不喜歡壘球隊制服。

「為什麼？」霍姆斯問。

懷特想和他的女生朋友們打壘球，是因為比起和男孩子打棒球，這對他而言比較自然，但無論他覺得自己多像女生，為了和大家一樣，他得特別在制服下加穿罩杯和三角腹帶。

「因為和其他人不一樣。因為我就是不一樣。」懷特說。

「怎麼不一樣？」

「我還是個男生，不是女生。」

「是的，你不一樣。」

懷特愣了一下，沒有立刻反應過來。通常只要他說自己是女生，霍姆斯都會順著他的話表示同意，現在卻對他從未真正和任何人談過的這件事表示附和——在心底深處，他知道自己的衣著之下仍是個男孩，而且無疑還有陰莖和睪丸。他恨死了。

療程結束後，霍姆斯寫下了筆記：「然後我說我有多欣賞他是個這麼不同的人：即便證據如此明確，你仍清楚知道自己是誰。我不認為他聽進去了，但我們會繼續處理這個部分。**我們得處理真正的痛苦來源：不是騷擾，而是現實。這太棒了。**」

霍姆斯在療程結束後護送懷特到停車場。懷特本來已經走向等在車裡的凱莉，但又跟母親說了「等一下」後跑回霍姆斯身邊，給了她一個大大的擁抱。

18 變身妮可

凱莉帶領懷特經歷了許多轉變，過程中總是努力在他的慾望及她的謹慎考量之間取得平衡。他們一起處理了衣著、運動、以及在學校使用什麼代名詞等問題，這一切可不簡單。一直以來，凱莉只要在女裝衣架前尋找懷特能穿的中性衣物時都會感到心酸：她知道自己在壓抑孩子最渴望的事物。凱莉和韋恩總是在要求他妥協，然而這些妥協都一項一項的失效了。升上五年級後，男孩與女孩廁所不再是單隔間，他們也決定讓懷特穿所有自己想穿的女性衣物——但要在合理範圍內。問題是，大家還是稱呼他為懷特。梅因斯家已經針對改名問題討論了很久，但始終沒有做出決定。不過如果他們決定讓他外表像個女孩、穿著也像個女孩，當然也該讓他使用女孩的名字。

他們問懷特想要使用什麼名字，他說「酷姬」（Raven），那是他最愛電視節目中的角色。

「那根本不算是個正常名字，」韋恩抱怨，「那是節目角色的名字。」

但懷特最熟悉的就是這些角色的名字，他也考慮了「昆恩」（Quinn），那是尼克國際兒童頻道所播放的青少年喜劇節目《住校日記》（*Zoey 101*）中的角色，但老是搞不清楚拼音，最後他選了妮可（Nicole），小名妮奇（Nikkie），取自《住校日記》中一個配角的名字。

但無論是妮可或妮奇，韋恩都說不出口，總是盡量避免。因為內心仍有矛盾，他把一切細節都交給凱莉處理。她打給家庭律師，發現改名並不是只要填寫表格就可以了，根據緬因州法律，改名必須在報紙上公告，如果梅因斯家族希望避開大眾目光，就得向法院申請例外情況。凱莉和韋恩最不希望的就是公開宣告此事，即便版面很小，他們仍不想大聲宣稱自己的兒子已經變成女兒。

除了不想讓陌生人知道他們的家務事，他們更怕孩子成為右派宗教社群的標靶。畢竟「緬因州基督教公民聯盟」（Christian Civic League of Maine）不只強烈反對同性戀與跨性別者，在政治與媒體上也相當活躍。這個組織常在網站上發表譴責「同性議題」的文章，也常寫信給《班戈日報》（*Bangor Daily News*）的編輯。他們最近的爭議事件是公開反對緬因的知識分子／作家珍妮佛．芬妮．柏蘭（Jennifer Finney Boylan）在ABC的肥皂劇影集《我的孩子們》（*All My Children*）中飾演跨性別治療師，甚至用一篇標題為「我的『跨跨』孩子們」的文章警告家長此節目有害，而「跨跨」（tranny）正是他們用來貶低跨性別者的說法。幾個月後，此聯盟又透過網路新聞攻擊一齣名為《隱藏的性別》的節目，因為編劇為一位跨性別女，並曾在緬因奧本的第一普教教堂（First Universalist Church of Auburn）演出。因此，對凱莉和韋恩而言，公開懷特的更名決定確實可能使家族遭受攻擊。

不過在申請被允許之前，凱莉和韋恩得先出席郡法庭。他們的家庭律師保證他們只需要和律師一起站在法官前跑完既定流程，從頭到尾只會花上幾分鐘。

出庭當天，律師來電表示本人無法出席，但他擔任房地產律師的妻子會頂替他的位子。在那個悶熱的夏日，凱莉和韋恩坐在法庭內焦躁又緊張地等待法官出現，等他終於出現時，兩人的心卻往下沉了一些。他是一位年老紳士，大概超過七十歲了，白髮，黑色長袍下穿了一雙白色球鞋。他們兩人心想：糟糕，這下可好。法官坐下時沒看坐在前排的這對夫妻一眼，只是專心讀書記放在面前的檔案，然後抬起頭。

「為什麼你們要把兒子的名字換成女生的名字？」他問。

凱莉的背刺痛了一下。他們的律師，或者說是替補他們律師的那位房地產律師回答，「他們的女兒是一位跨性別孩童，庭上，他已經以女孩形象生活了好幾年。家長、醫生和律師都同意現在是這麼做的好時機。」

「為什麼你們要申請不讓此事見報？」

「因為最近的抗議事件……基督教公民聯盟發起的那些抗議，所以他們希望能私下進行。」律師回答。

「或許基督教公民聯盟需要出庭說明自己的立場。」法官回答。

現在是怎樣？韋恩心想，凱莉眼中湧現淚水，韋恩也在座位上不自在地變換坐姿。他們兩人都沒想過自己得經歷這些，而且還不是為了改名，只是為了讓改名不用見報。幸好懷特不在場。韋恩知道他得做些什麼，所以舉手請問是否可以發言，法官盯著他看了一陣子。

「你是誰？」

「我是孩子的父親。」

「請上前。」

韋恩走向法官，正打算開口，但法官指示他停下來。

「上證人席。」

法官要求韋恩發誓後發言，然後詢問了他的職業以及教育程度。

「我是緬因大學的安全主管，擁有安全管理的碩士與博士學位，另外副修成人教育。」

韋恩接著解釋，他的兒子懷特從兩歲開始覺得自己是個女孩。因為堅持自己被困在錯誤的身體裡，學校生活也不是那麼好過。而現在他們已在醫生的同意下深信，他應該被允許成為一名女孩。

雖然是在法庭，但韋恩終於把這些話大聲說出口了！他說自己同意凱莉，也認為懷特該在安全的情況下完成過渡。

法官問凱莉是否有話想說，她於是上了證人席。她並不喜歡公開發言，但如果只是安靜地坐著，不說些什麼來捍衛孩子的權利，她之後一定會後悔。韋恩和凱莉都不記得凱莉說了什麼，但法官的態度確實有所軟化，敵意也不再那麼強，或許是聽了兩人說法後，法官總算相信他們不是為了想要女兒而逼迫其中一名雙胞胎變性的誇張家長。他們不是。他們是一對白領中產階級夫妻，正直的公民，而且就是平凡的緬因人。

法官要凱莉走下證人席，花了大約幾分鐘盯著眼前的文件，最後終於抬頭。

「我找不出否決這項申請的理由，」他說，「你們顯然很重視孩子的安全。」

凱莉和韋恩大大鬆了一口氣。他們真的誤會這位法官了。當他走進法庭時，他們只看見他的白髮與年紀。這就是大部分人做出判斷的方法，也是他們不希望他人對待妮可的方式：他們基於外表對人下了判斷。一個價值觀早已固定的老人怎麼可能理解、同情他們的跨性別孩子呢？但他確實這麼做了。

對於韋恩而言，這是他首次公開支持懷特的跨性別身分，雖然自己沒有意識到，但他身為父親的本能幫助他迎向了這項挑戰。他們的申請獲准，懷特．班傑明．梅因斯很快就會正式變成妮可・安柏・梅因斯（Nicole Amber Maines）。對了，中間名安柏是凱莉選的，她喜歡這個名字的發音。

19 新困境

喬拿斯對於改名的事顯得很從容。有一次，鄰居羅根（Logan）來家裡找雙胞胎玩，喬拿斯問他要不要玩忍者遊戲，然後說，「噢，對了，懷特的新名字是妮奇。」

「好，」羅根回答，「妮奇，可以把劍拿給我嗎？」

聽到喬拿斯跟朋友的對話，韋恩不禁偷偷笑了出來，但也知道自己得向羅根家長解釋這個狀況。這可是件苦差事。那對夫妻都是保守的共和黨員，丈夫跟他一樣曾是軍人，只是年紀稍微輕一點。不過韋恩發現他們完全不驚訝後鬆了口氣。他們沒有批判，只是自然地接受了，韋恩幾乎感動得哭出來。

就在升上五年級之前，凱莉和韋恩帶著孩子到紐約上州拜訪韋恩父母。比爾和貝蒂．梅因斯自始至終都表現得很支持。他們從出生就了解懷特的狀況，知道這不是一時衝動做下的決定，也絕不是韋恩和凱莉鼓勵出來的結果。不過最後還是發生了大家都害怕的事：有人不小心說溜嘴了。

「懷特，你想吃冰淇淋嗎？」比爾爺爺問。

妮可還沒機會回答，比爾就已經發現自己做了什麼。

「我很抱歉，我是指妮可。真對不起。」

妮可立刻走過去給了爺爺一個擁抱。

「沒問題的，爺爺，我知道這不容易。我愛你。」

妮可和喬拿斯都很敬愛爺爺。他親吻他們的臉頰時會用鬍子搔他們癢，也總會開心地把他們抱在大腿上，有一次，在兩個孩子大約四歲時，爺爺和奶奶從夏威夷旅行回來還為兩個小男孩帶了小草裙和貝殼項鍊。還住在北村時，爺爺奶奶家離他們只有五分鐘路程，那是間湖上小房，爺爺在週遭建了一圈木棧板，雙胞胎的童年初期老在那兒鬼混。爺爺會帶他們去游泳或划獨木舟。就算搬家之後，雙胞胎還是很期待在國慶日時去找爺爺奶奶玩，每到了那時候，嬸嬸叔叔們總會聚在野餐桌邊玩「快艇骰子」，同輩的孩子們則在一旁玩砲彈跳水。

那天之後，孩子們繼續玩耍、游泳，大人們釣魚，偶爾也一同出外野炊，但韋恩還是無法克制地擔心父母及兄弟的對妮可的想法。最後，在假期尾聲的一次聚會中，韋恩和兄弟比利及父親一起去了不遠的家族獵鹿小屋。那是一間標準的阿迪朗達克式的打獵營地，男人可以在那裡玩牌、喝啤酒，閒聊之前捕獲或從手中溜掉的雄鹿。總之是個能讓「男人們」放鬆做自己的地方。

三個男人一起坐著卡車過去，韋恩在腦中演練了想說的話，還想了提起話題的方法，但最後仍突兀地開口了。

「你們也知道，這件事，也就是懷特，不，是妮可——不是凱莉和我把他變成這個樣子的。」

他還談到芭芭拉．華特斯特別節目中的那位跨性別男孩傑斯。之所以提起這些，是想表示妮可其實健康、快樂而且過得安全。然後他提到妮可變得很忌妒喬拿斯，因為喬拿斯可以做自己，他的身體很完美，但她不是。

韋恩的父親和兄弟幾乎只是安靜地聽，偶爾點點頭。

「我們只希望妮可過得好，」比利說，「如果誰敢動她，都得先經過我這一關。」

韋恩的父親什麼都沒說，只是給了他一個擁抱。然後比利又開口了，「我們去打條鹿吧。」

回到緬因之後，隨著新學年接近，妮可的體重突然急速下降，而且總說肚子痛。有所警覺的凱莉立刻帶她去看醫生。她跟醫生說自己偶爾想吐，其他時候就是肚子痛，彷彿有人在肚子裡面翻攪。

「只要我想開口講話，肚子就會感覺很奇怪。」她說。

「她總是一直躺著呻吟。」凱莉告訴醫生。

醫生建議妮可服用「百憂解」，於是妮可從八月開始服用抗憂鬱劑。藥物似乎有幫助，但在開學前一個禮拜，妮可又開始說肚子痛。二〇〇七年九月十一日，學校開學，她的焦慮卻突然消失了。她原本在擔心什麼呢？開學第三天，她首次穿了裙子去學校，那條綠色裙子的腰部縫了丹寧布，又長又飄逸，女生朋友都說好看。沒過多久，她被選為副班長，加入合唱團與中提琴班，還加入一個女孩子們追求「想像目標」（Destination Imagination）的團隊，其發起人是非營利的國家教育組織，目標是鼓勵學生發展他們的數學、科學與藝術技能。

一切都奇蹟似的順利。只有一次，另一位五年級女孩的母親致電麗莎・爾哈特，表示她本來不在意妮可使用女生廁所，但後來想到妮可畢竟擁有男孩身體，而她女兒正要進入青春期，但爾哈特向她保證，對妮可這類跨性別孩子而言，最怕的就是讓別人看到她「天生的性器」。

「噢，這我倒是不知道，」那位母親回答，「那似乎沒問題了。」

但另一個人覺得有問題。他是五年級生傑考布的祖父兼監護人保羅・梅蘭森（Paul Melanson），他在社區機構工作時就曾聽說孫子學校裡有個跨性別孩子，一個說自己是女生的男生，而且還使用女生廁所，如果情況為真，將近五十歲的梅蘭森想好好了解一下。這十多年來，他都積極反對給予男同志或女同志更多權利，也常在公開集會場合簽署請願書或發言反對。他是個堅定擁護「規則」的人，深信他在緬因郊區成長過程中各種被驗證過的真理。你要說是遵循法律也好，是遵循聖經教誨也好，總之梅蘭森相信男人與女人的身分不可能交換。如果人們（包括孩童）能被允許「選擇」自己的性別，那他為什麼不能「選擇」去搶銀行？這一切對他而言都太瘋狂了。這堆跟權利與特權的鬼話什麼時候才會結束？

幾天之後，傑考布回報祖父，是的，學校確實有個跨性別學生，她看起來像女孩、穿著像女孩，還擁有女孩的名字，但其實是個男孩——而且她上的確實是女生廁所。他在盛怒之下去拜訪了阿薩．亞當斯小學的代理校長鮑勃．路西（Bob Lucy，同時也是隔壁的奧羅諾中學校長），之後他又拜訪了行政主任凱力．克蘭奇（Kelly R. Clenchy），但兩人似乎沒有要回應的意思。克蘭奇明明坐在座位上，助理卻直接阻止他進辦公室，因為無法直接見面談，梅蘭森用足以讓克蘭奇及所有人聽見的音量吼出他的所有想法。那是錯的，他說，讓一個男生使用女生廁所是錯的，學校得阻止這種事，不然他會找名律師來阻止一切。梅蘭森懂法律，而且十五年的海軍服役經驗讓他非常自豪：他從不怯戰。回家之後，他找了孫子來談。

「你有親戚是女生，」梅蘭森告訴傑考布，「要是她們被迫跟男生一起上廁所，你覺得好嗎？」

傑考布的母親住在離奧羅諾西邊一百四十五英里，兩年前，兩人關係過於緊張，傑考布只好暫時搬來和祖父一起住。他仔細聆聽祖父的話，然後說，不，他覺得這樣不好。

梅蘭森回答：「只有一個方法能阻止這一切。」

20 怪胎

「死玻璃。」

妮可從沒聽過這個詞，但她知道不是個好詞。新學年開始才幾個禮拜，她和朋友艾蜜莉正從教室走向女生廁所時，在走廊上聽見另一個朋友安娜·伊萊莎大叫，「小心！」

兩個女孩走進廁所時，傑考布經過她們身邊。

「我不知道班上竟然有個死玻璃。」他說。

他繼續走進女生廁所其中一個隔間，妮可和艾蜜莉僵在那裡，不知道怎麼辦，然後聽見傑考布尿尿又拉上拉鍊的聲音。他從隔間走到洗手台洗手。過了一會兒，他們的老師伊莉莎白·摩利太太衝進來，臉色因憤怒而脹紅。

你到底在這裡幹什麼？她一邊把傑考布拖出廁所一邊質問。

「這是不可接受的行為。」她告訴他。

「我只是一個使用女生廁所的男生而已，」他唱歌般似地頂嘴，「要是妮可能用女生廁所，我也可以。」

梅蘭森告訴孫子，如果一個聲稱自己是女孩的男孩能用女生廁所，那他當然也行。梅蘭森想藉由孫子表達自己的立場，而且是強硬表達立場：學校讓一名生理男使用女生廁所太荒謬了。

伊莉莎白．摩利太太把傑考布帶進麗莎．爾哈特的辦公室，解釋了情況，爾哈特也電話聯絡了代理校長鮑勃．路西。鮑勃．路西四十多歲，雖然灰色髮線逐漸後退，但身形仍然如同三十多年前精瘦、強壯。當年的他可是在奧羅諾高中三項體育運動中的明星運動員，也是當地的傳奇人物。一九七七年的他還是州冠軍足球隊的中後衛，就讀奧羅諾的緬因大學也是代表隊球員，畢業後回到高中當足球教練，很快累積了八十勝十七敗。「嚴厲」與「嚇人」是旁人常用來描述路西的形容詞。在這所小學校長因病需要他來代理時，他已在中學擔任了六年校長。

路西和爾哈特談過之後，妮可和兩位朋友被叫去見校園諮商師。在堆滿解壓玩具和著色本的辦公室內，爾哈特請坐在桌邊的三位女孩把發生的事清楚告訴她，另外也想知道之前那男孩是否做過其他事。艾蜜莉和安娜．伊萊莎害羞地說，傑考布之前就偷偷叫妮可死玻璃。妮可之前聽過別人叫她「那個東西」、「娘男孩」，但從沒聽過「死玻璃」，不過光聽見朋友提及時語調又低又尷尬，她就知道那是個骯髒的詞彙。

二十分鐘後，三個女孩回到教室，但沒看到傑考布。喬拿斯有聽到走廊上的騷動聲，但不知道發生了什麼事，只看見老師把傑考布拖出女生廁所，然後就是妮可朋友意味不明的尖叫。至於妮可則幾乎整個下午都心不在焉，直到回家看到媽媽才哭了出來。她通常很能處理自己和別人的差異，對於那些無法面對的人，她大多決定不予理的會，也很少受到反擊。但這次感覺特別糟。因為她明明沒做錯什麼，卻在朋友面前被羞辱了，雖然老師立刻介入，但她知道遲早全校都會知道這件事，而這讓她生平第一次羞愧地覺得自己是個「怪胎」。

凱莉打電話給還在工作的韋恩。當時大約是下午五點三十分，韋恩立刻開車回家。凱莉和妮可都很難過，如同熱鍋上螞蟻的韋恩卻不確定該怎麼辦，而喬拿斯也還在試圖搞清楚發生了什麼事。第二天，凱莉把孩子送到學校後打了好幾通電話給爾哈特，但她始終沒回覆留言，後來凱莉才知道路西要求爾哈特不准和凱莉及韋恩談論這起事件。她簡直不敢相信。路西竟然命令校園諮商師不准跟家長談話？路西是個紀律如鐵的人，希望校園的麻煩愈少愈好，他認定這件事最好內部解決，就像球隊處理問題球員一樣，完全是前任足球教練兼運動員的思維。他嚴格、直接，叫你做什麼就做什麼，休想質疑。

凱莉知道爾哈特站在她這邊，只是目前被禁止發言，但為什麼？她打給行政主任凱力・克蘭奇，並堅持表示要與教職員討論這起事件。凱莉與韋恩並要求把傑考布轉到五年級另一班，也希望暫時被禁用女生廁所的妮可能拿回應有權力。

「沒辦法，」克蘭奇表示，「你也知道的：親近你的朋友，更要親近你的敵人。」凱莉驚駭不已。我們又不是在談政治，不過是在談五年級生活呀！所以是妮可有責任注意那名可能會在走廊上跟蹤她的人嗎？之後幾天，妮可也確實發現傑考布一直在偷偷注意她，他會在下課時盯著她，走到哪跟到哪。有一次他被留校察看，但被允許把桌椅搬到女生廁所旁，那模樣簡直像學校保鑣。

自從幾年前離開住在西緬因的母親後，傑考布就沒什麼朋友。他的祖父母老在工作，祖母甚至得兼兩份差，所以他常獨自在家看電視或亂玩電腦，基本上過得很孤單。傑考布的祖父對他很強勢，他告訴孫子，到了特定年紀後他能自己判斷是非，但在此之前他會負責指導他的行為。傑考布曾和其他學生打過幾場架，但從未真正和妮可產生衝突。

然後在十月初，傑考布又幹了一次：跟蹤妮可走進女生廁所。當天下午，妮可走下巴士後在母親的懷裡崩潰大哭。那天是凱莉的生日。

聽到傑考布再次威嚇妮可，凱莉立刻聯絡特殊服務處的主管雪倫・布雷迪（Sharon Brady）。布雷迪表示傑考布確實打破和學校之間的協議，畢竟他之前本來答應不再跟蹤妮可，但她也表示學校無法保證妮可在學生廁所內的安危，所以得讓她使用職員廁所。這太瘋狂了，凱莉說，根本不公平！幾個小時後，她坐下來寫了封信給行政主任克蘭奇。首先，她對於學校沒人打電話跟她討論這件事感到沮喪，更重要的是，學校高層沒有做出避免這類事件再次發生的準備。

我們要求立刻會面，以做出確保我們女兒、她的雙胞胎哥哥及其他學生安全使用五年級廁所的計畫。

第二天，凱莉和韋恩正式致電奧羅諾警方提出投訴。警長和另一位警官在十月五日時受理此案。他們聯絡了麗莎．爾哈特，也拜訪了工作中的韋恩。他們抵達時，韋恩跟他們說：「我才不管你們那些利益結構，你們談的可是我的寶貝。」

警長直視他的雙眼。

「我會處理，韋恩，我保證。我們會去了解發生了什麼事。」

沒過多久，這兩位警官到保羅．梅蘭森家拜訪，表示他孫子在學校鬧了大麻煩。如果警方本來是打算嚇唬梅蘭森，結果顯然無效，梅蘭森表示他只希望孫子跟「那個男孩」（也就是妮可）擁有同樣權利。如果一個男學生可以使用女生廁所，那他孫子當然也行。重要的是原則，他說。警方請梅蘭森不要把孫子當棋子使用，但梅蘭森認為爭議根源是校方對那名「問題」學生的家長百依百順。

「你們停止你們的作為，我就停止我的。」梅蘭森說。

警方問他，如果學校保證那名跨性別學生不再使用女生廁所，他可以停止現在的行為嗎？

「我會立刻停止這場遊戲。」他表示，只要學校願意保證。

他強調自己對妮可或學校沒有意見，只是想透過孫子指出，人們不能擅自制定規則，還自己決定想用什麼廁所。此外，他在兩名警官走出門時強調，「別再來我家。再來就得直接跟我的律師談。我知道我的權利。」

21 緬因州基督教公民聯盟

某天午餐時間，傑考布走進學校餐廳後坐在喬拿斯身旁，一直試圖挑釁，但喬拿斯沒回應。二十四小時後，凱莉和韋恩寄出更多電子郵件：寄給學校教職員、寄給緬因州議會的席拉・皮爾斯（Sheila Pierce），另外還寄給同志倡議與捍衛組織（Gay and Lesbian Advocates and Defenders，GLAD）的律師布魯斯・貝爾（Bruce Bell）。

如你所知，當我們把孩子送到學校，就是將他們的教育與安全交託到學校職員及高階管理團隊的手上。

凱莉和韋恩希望這些人知道，在此之前，阿薩・亞當斯小學一直提供孩子美好安全的學習環境，他們也相信能在不危害妮可權利的前提下和學校渡過這一切，並幫助高層找出足以保護妮可的最佳方案。他們也希望這些人知道，妮可現在很痛苦，情緒抑鬱，不但說自己「擁有怪胎特質」，甚至因此開始質疑自我的價值。最重要的是，凱莉與韋恩深信妮可需要更明確的安全保護計畫。

二〇〇七年十月十二日，當初提出五〇四計畫的奧羅諾特殊服務辦公室進行了「下一步計畫」，但未將內容告知凱莉及韋恩。首先在計畫列表上的是：「將靠近教室那一側的無性別廁所指定給妮可使用。」爾哈特則負責要求職員輪班在上學前及午餐休息時間監看妮可與傑考布在遊戲場上的活動。雪倫．布雷迪也與教職員開會，以確保傑考布能夠正確使用廁所，與妮可不會再「意外相遇」。安迪．懷浩斯（Andy Whitehouse）警官表示有空就會去學校巡視，而代理校長鮑勃．路西也打算與負責五年級的教職員團隊討論使用廁所的簽到系統。很久之後，當一位律師問路西，回顧過往經驗，他是否曾為了解決霸凌問題時告知受霸凌對象不得出現在學校的特定區域時，鮑勃．路西回答，「沒有。」

這完全不是凱莉與韋恩期待中的計畫。凱莉致電路西討論新的五〇四方案時，對其中一項尤其感到困惑。

「你們要怎麼防範所謂的『意外相遇』？」她問，「傑考布跟妮可根本同班耶。」

路西無法提供令人滿意的答案。學校明白傑考布的作為是錯的，但路西似乎只將這些事件視為糟糕選擇或不良行為，總之稱不上霸凌。沒有人直接告訴傑考布或其他五年級生：這樣的作為根本不該被容忍。

學校似乎對外人關上了大門。他們沒有選擇保護妮可，而是選擇保護自己，就怕梅蘭森對他們提告。這點後來也在《班戈日報》一篇頭版標題名為「一名祖父正計畫針對男生使用女生廁所之事提告」中被反覆提及。雖然妮可或梅因斯家族的名字沒有被直接寫出來，但他們確實感受到了來自校外的敵意，包括緬因州基督教公民聯盟。

此聯盟的歷史已超過一百年，屬於非營利的教育與研究機構，主要目標在於將聖經觀點注入公共政策，尤其是那些與傳統家庭有關的價值觀。根據此組織表示，其中一項價值觀正是：性別是上帝指定的，不得侵犯，而證據就是嬰兒的性解剖結構；這也是「上帝指定的人類形象模式」之一。從一九九四到二〇〇九年，麥克．西斯（Michael Heath）一直是聯盟執行長，他曾多次宣示自己的任務是打擊所有「同志相關議程」。他曾寫道，任何支持同志權利的政治家「都是在公開、大膽地透過公立學校系統訓練學童交媾與跨性行為。耶穌比保羅進一步為孩童發言，面對侵犯我們孩童的惡魔之子，他說該把他們脖子掛上巨石後扔進海裡。」

西斯來自馬里蘭（Maryland），但高中的最後兩年是在緬因的奧古斯塔（Augusta）度過。他於一九七九年畢業，之後讀了一系列的基督教學院，包括位於密蘇里州的中部聖經學院（Central Bible College），另外還有艾琳姆聖經學校（Elim Bible Institute）和羅伯特．衛斯理恩學院（Roberts Wesleyan College），後兩者都在紐約上州。西斯是彼得．拉巴別拉（Peter

LaBarbera）的好友，當時是伊利諾州家庭組織（Illinois Family Institute）的領導人，後來成為美國同志真相協會（Americans for Truth About Homosexuality）領導人，兩者皆屬於南方貧窮法律中心（Southern Poverty Law Center）定義為「仇恨團體」的十八個組織。西斯和拉巴別拉都將同志視為「敵人」和「純粹邪惡」，任何支持他們權利的人也是「惡魔之子」。因此，當他聽說了阿薩．亞當斯小學的廁所爭議事件後，立刻嗜血地在《班戈日報》上寫了一篇評論：

這項爭議的根源正是許多緬因人所擔憂的問題。舉例來說，究竟是上帝決定了性別，還是由每名個體自己做出決定？……小學女生該在男生旁邊上廁所嗎？女生和男生之間到底有沒有差別？家長可以被容許決定所照護的生理男孩的性別嗎？我們感謝上帝賜予我們這位勇敢的祖父。

幸好，網站上大部分的評論都支持梅因斯家族，韋恩和凱莉因此鬆了口氣。甚至有二十幾位居民聯名寫了封公開信：

看到一個奧羅諾家庭以及他們的孩子，竟然為了捍衛屬於我們社會基石與正直的個人權利，而遭受基督教公民聯盟及另一位奧羅諾居民攻擊，我們真的很失望。這或許是個困難的議題，但沒有任何家庭或孩子該遭受此般公開騷擾。針對這項令人痛苦的公共爭議事件，我們想對這個家庭表達支持，希望你們知道有鄰居與你們同在。

凱莉及韋恩用盡全力保護妮可，只有她不在場時才會討論基督教公民聯盟這些顯而易見的仇恨發言。然而她所受的羞辱並不只是她個人的事。幾週之後，二〇〇七年十月二十五日，在奧羅諾南邊一百二十英里處，布里安娜．費曼（Brianna Freeman）正在和朋友用餐，她每週都會來緬因州奧本的這間丹尼餐廳兩次，而正當她如同之前數十次一樣打算離開餐桌去使用女生廁所時，餐廳經理攔下她，表示基於生理性別只能讓她使用男生廁所。這位四十五歲的軟體開發工程師正在服用女性荷爾蒙，仍在男變女的過渡中，她擁有一頭紅色長髮、妝容完整，身穿女性衣物，雖然尚未進行性別重建手術，但各方面看來都是女性。六個月之後，她對丹尼餐廳位於奧本的母企業「房地產資源餐飲」（Realty Resources Hospitality）提告，認定他們違反緬因州法中對於公共設施歧視的相關規範。「我每天都以女性的身分生活、呼吸，」她接受當地廣播採訪談論這樁案件時表示，「我的衣著是女性、我的自我形象是女性、我展現出來的樣貌也是女性……我一個月大約見諮商師三次，也有固定看醫生並每天服用荷爾蒙。」她在控訴中表示，逼她使用男生廁所不只不適當，也不安全。「我覺得脆弱，而且遭受男性攻擊的風險極高……有些人認為跨性別是一種錯誤，甚至覺得我們這種人沒資格活下去。我不想承擔這種風險。」

到了十二月，奧羅諾對此議題的敵意更為高漲。基督教公民聯盟的西斯在組織網站上寫了一篇抨擊梅因斯家族（雖然沒有指名）的社論，並宣稱學校、媒體、醫生甚至奧羅諾居民都對此問題視而不見。

十歲男孩根本不該去思考自己是男生或女生。這事件太荒謬了。如果醫療專業人員連這點都搞不懂，他們該去檢查一下自己的大腦……我跟你們保證，本聯盟是常識的守護者……我們如同施洗者約翰，每日勤奮地向有權者傳遞真相。有些人悔改後選擇正確的道路，但也有些人一如希律王。

文章最後，西斯要求大家踴躍捐款給基督教公民聯盟，好讓他們繼續為緬因人民進行福音工作：

按下上方的第三方支付（paypal）轉帳鍵。別遲疑。

凱莉和韋恩開始害怕，他們清楚知道，西斯和他黨羽的攻擊才正要開始。

22 捍衛妮可

凱莉和韋恩試圖找出確保妮可權利的方式，但喬拿斯才是那個每天得去學校面對一切的人——他與妮可雖不在同一間教室，但也近得足以知道、看到、聽到那些跟妮可有關的流言與攻擊。

某天下課時，喬拿斯和幾位男孩在遊樂區玩一個名叫「四方」的遊戲：地板上畫了四個方格，一個方格站一個玩家，每名玩家都必須輪流把球彈給下一個人，但又得想辦法讓對方接球失敗。這遊戲的其中一個版本規定玩家不得離開方格。許多人都在排隊等著與喬拿斯玩，此時有個新玩家佔據了第四個方格，是傑考布。喬拿斯看向別處，內心怒氣逐漸升高。他不喜歡傑考布，不喜歡他對他妹妹做的事，也不喜歡他對待自己的方式。

自從懷特公開成為妮可之後，韋恩就仔細交代過喬拿斯：他必須無時無刻保護他的妹妹。這是他的工作，他父親說，只要和妮可在一起，無論是學校、公車、或其他公開場所，他就有責任保護她。年紀較小的時候，喬拿斯從未想過自己得真正保護妮可，畢竟她比他強悍多了，更何況妮可只是做自己，怎麼會有人因此威脅她呢？雖然不知道這個問題的答案，喬拿斯還是非常警覺。每當人們對妮可的性別感到困惑又不敢問她時，他們通常會跑來找比較安靜、好相處的喬拿斯。對於這麼小的孩子而言，保護妹妹安全的責任其實有些沉重，甚至害喬拿斯偶爾顯得疑神疑鬼。要是妮可真發生什麼事，他永遠不可能原諒自己，而當事情真的發生時——雖然不是身體上的傷害，是心理上的——他卻不在場。或許這是為什麼他每次看到傑考布都如此憤怒，也是為什麼當傑考布加入四方遊戲時，喬拿斯知道一定會出事。某輪遊戲結束後，喬拿斯指控傑考布踩到方格線，犯規了。

「你出局了，」他說，然後補充，「你以為你跟你祖父可以把我跟妮可踩在腳底下，告訴你，不可能。」

「我們是對的，你們是錯的，」傑考布回答，「我們學校根本不該有死玻璃。」

傑考布轉身離開，但才沒走幾步，喬拿斯就已跳過四方格撲到傑考布背上，但完全不知道接下來該怎麼做。他從沒在學校打過架，更別說在盛怒下揮拳，但現在他在傑考布背上，而比他高上十幾公分高的傑考布轉了過來，一閃身就把喬拿斯甩到地上。兩個男孩都被附近的老師提著領子帶進校長辦公室，喬拿斯被罰接下來兩週無法下課休息；這是他在這間學校受過最重的懲罰。凱莉和韋恩一開始不知道這件事，幾天後聽說了才把喬拿斯找來談，他們理解喬拿斯內心的挫敗，但也說他不該打架。喬拿斯點頭同意了。他知道父母沒錯，他一跳到傑考布背上就知道錯了，但心底也明白，就算重來一次，他應該還是會這麼做。

二〇〇七年十二月十八日週二晚上，一位中年男子拿著麥克風站在奧羅諾學校委員會前，那是一場漫長會議的尾聲，所有家長、學生和居民都可以上台發言或提問。

「我的名字是保羅．梅蘭森，我要說的故事就發生於過去幾個月。大約是在九月二十七日，我聽說一個小男生——」

「我得提醒你不得討論單一學生個案。」委員會主席開口打斷他。

梅蘭森沒有抬頭看主席。

「基於那個男孩的要求，他被當作女孩對待，我問我的孫子，『這孩子用什麼廁所？』我打電話給負責人，他說沒這回事。我跟我的孫子說他也可以用女生廁所。十月四日，那個小男孩上女生廁所時，他也去了，然後我的孫子被帶到校長辦公室警告。第二天我還被奧羅諾警方『拜訪』，說要是我不停止我的行為，接下來一年會很不好過……大約在十二月五日時，我孫子跟我說情況還在繼續——」

「據我所知，此人已經沒有在使用有爭議的廁所，而是使用適當的廁所，」委員會成員反駁，「奧羅諾學校局遵守一切法律規定。你說的情況現在並沒有發生。」

「那名學生現在使用什麼廁所？」梅蘭森想要知道。

委員會主席表示不會再討論這個事件。

「此人已經在使用適當的廁所。謝謝你的發言。」

梅蘭森還沒打算收手。

「我的律師會做後續追蹤。」

這個插曲出現在當晚的新聞報導，也登上了隔天報紙，《班戈日報》在委員會之前就知道梅蘭森可能會出現，也在他完成三分鐘發言後採訪他。

「我會繼續奮鬥，」他告訴記者，「我會繼續下去。我要使法律發揮應有的功效。」

二〇〇三年，緬因州要為同性伴侶立法承認同居關係，當時梅蘭森出面遊說反對，並強調背後有緬因州基督教公民聯盟所支持。聯盟主席麥克．西斯沒有出席這次委員會，但仍有人將他的手寫信帶給委員會：「支持學生的隱私權。這個家庭現在正帶領官員甚至警察犯下大錯。這種以政治正確為名的暴君統治令我們憤怒。」

雖然所有新聞報導都沒有提到妮可、她的家長或喬拿斯的名字，但這個故事已傳遍緬因州。韋恩搜索了各大網路論壇與部落格，希望知道人們怎麼想，有些評論相當惡毒，另外有些回應很沒教養，但大多數人只是無知。

這名五年級學生需要心理諮商。任何讓他困陷在這種精神疾病裡的人……都該因為虐童而被逮捕。

是誰鼓勵這個孩子這麼做？他媽或他爸吧？

媽媽想要女兒，不想要兒子？

二〇〇八年二月的第二週，一封信寄到了阿薩・亞當斯小學的校長辦公室，寄件者是保羅・梅蘭森在波特蘭的代表律師。

梅蘭森先生告訴我，你讓另一位認為自己是女生的男生使用女生廁所，卻因為傑考布認為自己是男生而不讓他使用女生廁所。

在此狀況下，你是因為「性傾向」而歧視傑考布，這違反了緬因人權法。

根據我的法律意見，傑考布完全有權使用女生廁所，任何試圖阻止或處罰他的行為都可能導致法律行動。

梅蘭森曾是法律系學生，曾誓言以軍人身分捍衛個人權利。他在海外服役時擔任海軍二級機械師的助手，也參與過一觸即發的衝突事件，比如伊朗人質危機及波士尼亞的沙漠風暴。一九八四年，他所搭乘的修理船海特克號（USS Hector）橫越三千五百英里的海面，搭救了在破敗木船上漂流的二十幾位越南難民。他也曾搭乘海克特號為被風暴蹂躪的馬達加斯加居民提供災難援助，其中還包括一個痲瘋病社群，當時船上的志工從拔牙到截肢都親力親為。梅蘭森確實見過世面，他也總是說，這個世界不是什麼好地方。他曾去過同性戀會被處決的國家，相較之下美國太軟弱、太隨便了，他說，而且所謂政治正確是條不歸路。無論原因為何，他把對抗這名九歲女孩使用廁所的戰鬥視為個人使命，彷彿只要這個國家試圖保障特殊族群的權利時，**他的**權利也跟著受損了。

梅蘭森對同志或跨性別者的艱困處境毫不同情。他告訴朋友，他不認為這個國家應該繼續給予他們特權。他曾近距離目睹過毫無特權的人過著什麼樣的恐怖生活，「我在海外為了他人的權利奮鬥，」他這麼談他的軍中經驗，「這裡的人卻試圖奪走我的權利。」

23 可以跟你跳支舞嗎？

對妮可和學校而言，上課日成為充滿恐慌的肥皂劇，整個社區也跟著受到波及。有趣的是，妮可一開始對於使用教職員辦公室沒什麼意見，那是一間很好的單間廁所，非常隱密，她很喜歡，唯一不滿的只有洗手台的鏡子太高，不方便整理頭髮及衣著。此處的鏡子掛法顯然是為了配合成人需求。

不過她在家時會聽到父母的討論。他們認為這樣不公平：學校不讓她使用符合她性別的廁所，卻逼她使用另外的廁所。她一直聽到「隔離但平等」[5]的說法，慢慢開始了解其中意義，也意識到被迫使用教職員廁所其實像一種懲罰。為什麼她得因為傑考布的行為做出改變？於是，第二學期開學後，儘管沒有正式得到允許，妮可又開始使用女生廁所，她的朋友沒說什麼，她也不確定有沒有老師注意到，但沒過多久，另一名學生注意到了。

某一天，妮可正走進女生廁所，無意間看到傑考布在走廊對面的教室盯著她。她完全知道接下來會發生什麼事。女生廁所的門在她背後關上瞬間又被他打開了，接著在校長室，妮可被告知她一開始使用女生廁所就不對，這只讓她更明白學校的立場：正常的孩子屬於這一邊，而你屬於另一邊。

凱莉和韋恩仍相信能改變學校的政策。或許他們只是對跨性別議題不夠了解？畢竟凱莉已經為此獨力奮戰多年，無論在遊樂場、學校還是超市，她從不逃避，總是勇敢迎向挑戰。

「他沒有任何問題，」她總是這麼向陌生人解釋，「只是比起男生的東西，他更愛女生的東西。」

凱莉後來學到足以完整講述這個故事的相關詞彙，也能把跨性別的概念講得比較清楚，但現在能說的都說得差不多了。當她自願表示可以帶領一個認識多元性別的社團時，鮑勃．路西立刻表示反對。「我可以做些什麼來幫助你們理解？」她總是這麼詢問教職員。她和總是支持她的麗莎．爾哈特絞盡腦汁，終於在某次聚會中，她想出了從外面邀請專家來演講的主意，爾哈特也非常贊成，所以在二〇〇八年二月，緬因性別資源與支持服務組織（Maine Gender Resource and Support Service）的創立者金恩．佛彌特（Jean Vermette）為奧羅諾中學的教職員舉辦了一場跨性別工作坊，大部分教育工作者都積極參與其中，但包括鮑勃．路西的部分行政人員只願禮貌性聆聽，不是非常投入。

5. 美國早期認為黑白種族隔離合憲，並宣稱「隔離但平等」，直到一九五四年，美國聯邦最高法院才認定種族隔離是本質上的不平等。詳情請見第二十八章。

慢慢地，凱莉和韋恩發現路西之所以選擇妥協並非只是因為無知，而是恐懼——對這項議題恐懼，對可能被告感到恐懼。每次只要梅因斯一家提起跟騷擾及霸凌有關的議題時，路西永遠只有一種回應：「我們學校公平、安全，回應所有需求。」

三月，傑考布第三次跟蹤妮可進入女生廁所，這次兩人都受到處罰。凱莉受夠了，也跟韋恩說她想提告。

「我覺得不該這麼做。」他回答。

他認為妮可年紀還太小，或許還是該靜觀其變，要是現在就鬧上全國版面，付出的代價可能太龐大。

「我得這麼做，韋恩，為了保護她。」

二〇〇八年四月十日，凱莉向緬因人權委員會提出申訴，指控奧羅諾學校局的行政官員兼此學區的資深官員凱力．克蘭奇及另外數人違反緬因人權法案。他們明明清楚妮可的性別認同，卻不讓她使用女生廁所。一切就此進入法律程序，但韋恩沒有參與。

到了下個月，妮可又被羞辱，這次是因為穿著女生泳衣而在社區泳池被傑考布的女生朋友嘲笑。

「你看起來好美唷。」她們用嘲弄的語氣說。

凱莉立刻走向她們。

「發生什麼事？」她問，「各玩各的好嗎？」

妮可覺得很尷尬，但不只因為對身體感到更不自在，她告訴史貝克醫生，她擔心嘴唇上方好像快長出鬍渣了，要是真長出什麼，她實在是承擔不了。到底什麼時候可以開始服用抑制青春期的藥物呢？

「現在還不需要。」史貝克回答。

他也解釋，她的外生殖器還沒有長大，睪丸容量也沒增加，必須等兩者尺寸達到雙倍時，才需要服用青春期抑制藥物。時間還很長。不過他鼓勵妮可多增加一些體重——此刻的她大約一百四十二公分，體重卻只有三十一公斤——也建議她別再拔眼睫毛了。史貝克跟她講話的態度總是開放、坦誠，有時候不像醫生，反而更像父親。妮可每次看完醫生都備感安慰。既然他不擔心她的男性青春期可能開始，那她也可以試著不去擔心。

幾個月前，當梅因斯家正在準備晚餐時，妮可向大家宣布：奧羅諾休閒中心即將舉辦一場屬於父女的情人節舞會。正忙於某事的韋恩聽了立刻用力抬起頭來，一副不可置信的模樣。他白天工作時就聽說了這場舞會，並打從那時候就煩惱到現在。

「太好了！」他脫口而出。

妮可微笑，給了父親一個擁抱。

這場舞會最後成了全家出遊。妮可和母親身穿新洋裝，手腕戴著韋恩送的小花束，喬拿斯穿西裝打領帶，韋恩也穿了最好的西裝。他比什麼人都緊張，不過讓他驚訝的是，比起公開與女兒跳舞，跳舞本身令他更慌張。他一點都不擅長啊，他總是這樣告訴別人，這輩子也幾乎避開了所有必須跳舞的場合。但眼前的舞會很重要，他結婚時可是用盡一切努力才完成了和新婚妻子跳一支舞的承諾，但此刻比他的婚禮還重要。

韋恩比家中所有人花了更多時間才理解妮可。他知道是凱莉打從第一天起就陪在妮可身邊，為她奮鬥，就連喬拿斯也自然地接受了一個妹妹。在韋恩哀嘆自己失去了一個兒子時，喬拿斯卻從未覺得自己失去了弟弟。每當韋恩照鏡子時，他看到的是一個男人、一個丈夫、一個獵人、一個漁夫；他也看到一個父親。不過這一切只是稱呼、分類，難道他和妮可一樣，所擁有的也只是稱呼與分類？不，他是生命中一切元素的集合體，他不只是一個分類。他甚至不只是韋恩，而是韋恩所經歷的一切故事。他是自己所感受到的那個人。他花了很多年才理解問題不在妮可身上，當然也不在凱莉身上。問題一直在他自己身上。

休閒中心有淡淡的汗水與松焦油味，現場ＤＪ交替播放老歌與新歌，迪斯可光球把各種彩色光點灑落在臨時搭蓋的舞會地板上。韋恩當然很緊張，因為他怕跳舞時會絆倒，也怕別人以為他是因為要和自己的跨性別女兒跳舞而尷尬，但其實他對此異常自在。當ＤＪ宣布父女舞會開始時，韋恩完全知道該怎麼做。

他轉向妮可，鞠躬，微笑。

「可以跟妳跳支舞嗎？」

「可以。」

妮可飄然橫越舞池，完全沒注意父親不停偷看自己的腳。（韋恩還得不停提醒自己別忘記呼吸！）他們一起滑行、旋轉，妮可的頭靠在韋恩胸口，右手牽著他的左手。韋恩從眼角知道凱莉正看著他們微笑。他的呼吸終於比較順暢了，也找到節奏。妮可覺得一切都太美好了。

「謝謝你，爹地。」她抬頭看著自己的父親。

韋恩回答，「我愛妳，妮可。」

24 她完全是個女孩

二〇〇八年六月初的某日，有人私下提醒韋恩，保羅．梅蘭森打算當晚和基督教公民聯盟在奧羅諾市鎮廳前舉辦一場記者會。韋恩到了現場，但非常低調，不想被媒體或任何人認識的人發現。梅蘭森、他的孫子和幾個學生在場，韋恩必須很努力才能阻止自己發言。台上一名七年級的女孩說，她曾見過這名跨性別五年級生在中學放學後用女生廁所，她指的就是妮可，並因此覺得「隱私被侵犯了」。

在韋恩看來，這個女孩的發言是被人指導過的。她只是被梅蘭森還有基督教公民聯盟所利用而已。

「要是任何人都得到了十八歲才能做性別重建手術，」梅蘭森向群眾說，「那麼也要到十八歲才能使用另一個性別的廁所。」

第二天，緬因各地舉行了針對各項公投議題的投票，當韋恩和凱莉走到鎮公所投票時，還得走過基督教公民聯盟的請願處。韋恩必須咬緊牙關忍住怒氣，凱莉則選擇避開不看。

不過梅蘭森的處境也沒有比較好。他在市政廳投完票走出票亭時遇到一位婦女，「梅蘭森先生，你知道你讓學校還有整個社區過得多痛苦嗎？」

這位海軍老兵立刻回答，「你知道嗎，如果行使我的言論自由讓你痛心，我完全無所謂，也不在意有人恨我。你們絕對無法阻止我說出我的心聲。」

凱莉與韋恩則聯絡了緬因州幾位自由派的議員，他們都支持這對家長的行動，其中一位是眾議員艾蜜莉・安・凱因（Emily Ann Cain），她告訴梅因斯一家，自己在梅蘭森要求居民簽署聯署書的調查站外曾和他有過激烈爭執，她強調，另外還有許多民眾也做了類似的事。

第二天，《班戈日報》針對選舉日的民調問題發布結果：一個認同自己是女孩的男孩可以使用女生廁所嗎？令人害怕的是，大多數人似乎贊同梅蘭森的立場。

可以：百分之十七點二

不可以：百分之八十二點八

雖然梅蘭森收到一些死亡威脅，他的太太也在看護工作時受到一些騷擾——同事認為她的丈夫很卑鄙，應該叫他閉嘴——但還是有許多同意梅蘭森觀點的人對他表達善意。約有百分之八十的來電都對他表示支持，這些電話不只來自緬因州，還來自南卡羅來納州、德州和加州，有些是個人來電，有些則是宗教團體，其中許多人都稱讚梅蘭森勇氣可嘉。

「不，」他告訴來電者，「我只是為了是非對錯挺身而出。」

梅因斯家也收到了很多外界訊息，其中有些是透過奧羅諾校友的群組郵件。大部分人都對他們表達了同情與支持，例如蘇珊娜・懷特及強納森・懷特於二〇〇八年六月十一日寄出的這封信：

我們全家看到這場在奧羅諾的無知、粗暴與霸凌的大戲都很憤怒……為了保持正向思考，我想這場抗議、騷擾及霸凌所帶來的唯一正向意義，就是為我們所有孩子提供了一個完美的範例：做人絕不該像他們一樣。這在我們家已經激發了很多討論，關於人類的基本善意、如何待人、大家各自擁有的價值觀，以及面對霸凌者該怎麼做。我們誠懇地和孩子討論多元與包容議題，也希望他們目睹別人被錯誤對待時能挺身而出，而非視而不見。我們的孩子學到了很多，但絕對不是以梅蘭森先生及基督教公民聯盟為榜樣。

不過最棒的是那些來自年輕人的訊息，其中甚至包括認識妮可的人。

我認為這一切都太荒謬了……我和朋友還在阿薩讀書時，曾覺得這個小男孩的作為不對，但現在我們懂了。那完全沒問題，如果他認為身體裡住的是一個女生，那他就是，不應該有什麼祖父跑來因為一個女生使用女生廁所的事大做文章。他有「非女生的部位」也不代表什麼。性別跟「私處」無關，而是心理狀態，我是長大之後才懂了這件事。

一切躍上媒體後就無法回頭了。梅因斯家的故事出現在報紙、晨間新聞與晚間新聞，同時成為了左翼與右翼的話題素材。比如在名為「每日世界網」（WorldNetDaily）的超保守主義網站上，就出現了這種文章標題：「允許男生使用女生廁所的地區」。

不過這些充滿批評的負面文章反而讓韋恩變得更勇敢。對他而言，意識到自己必須為妮可的權利而奮鬥，其實是個漫長、緩慢的旅程。他花了太多時間哀嘆自己失去一個兒子，卻忽略了擁有女兒能得到的特殊回報。有一天，他帶著雙胞胎去沃爾瑪超市為凱莉買禮物，喬拿斯一下車就要過馬路，韋恩反射性地想牽住他的手，但喬拿斯因為父親想要保護他而難為情，本能地把手抽開。倒是妮可一跳下車就伸手牽住他，兩人一路牽手晃過馬路與超市。韋恩一邊微笑一邊想，有個女兒說不定也挺不錯，畢竟女生更願意和爸爸擁抱、親吻和牽手。

25 關注政策

我們的目標是使學校環境足以幫助學生：

相信自己是成功的人；

感覺被喜歡及尊敬；

學習有意義以及值得的事物；

擁有肢體練習的機會及移動的自由；

感覺學校安全且公正。

——節錄自奧羅諾中學的入學歡迎手冊

妮可的五年級生活進入尾聲，此時她在校內無時無刻都會被一名教職員跟隨。這是「關注」政策，目的是保護妮可。原本這是個暫時性措施，後來卻看不到盡頭——到處都有人在等她。早上一到學校就會有人站在櫃子前等，之後又有人整天坐在教室後方，如果妮可去廁所，那人也會在她身後保持六到十英呎的距離跟著。

雙胞胎之後打算就讀奧羅諾中學，除了換到緊鄰阿薩．亞當斯小學的建築物上課之外，一切沒什麼變動。妮可和喬拿斯面對的同學與學校行政人員基本上是同一批人。就在六年級開學的兩週前，凱莉特地早起寫了封信給特別服務中心主任雪倫．布瑞迪，希望確保傑考布和雙胞胎不同班，他的櫃子也得和兩人保持距離。

開學幾週後，來自非營利表演與音樂教育組織「青年美國」（Young Americans）的一支團隊抵達了奧羅諾。所有演奏與表演人員在高中體育館待了一整天，他們不只演出、還舉辦了許多工作坊。此體育館也位於阿薩．亞當斯小學及奧羅諾中學的校園內。到了晚餐休息時間，妮可與另外幾位年紀較大的學生一起走進女生廁所。高中沒有無性別廁所，如果按照規定，她得到隔壁沒人的小學校園，跨越建築物後才能使用無性別廁所。正當妮可走向女生廁所時，其中一位比她年紀大的學生擋住了她的路。

「你不可以走進這裡，」她說，「這違反規定。」

「那是上課日的規定，」妮可反駁。

「還是不可以，只要在學校範圍內，你就是不能進女生廁所。」

另外一個人也附和，「你不能進來。」

「出去。」

「男生不能進女生廁所。」

妮可激烈反擊，她罵那些女生「婊子」、「蠢貨」，雙方吵了一陣子，隔天凱莉打電話給學校表示妮可被霸凌，學校啟動調查，超過三週後，學校終於正式回應梅因斯家：基本上錯在妮可，副校長羅伯特．辛克萊爾如此寫道，她應該去使用中性廁所，至於結論：「（梅因斯太太的）女兒在此事件中並未受到騷擾。」

韋恩與凱莉相信奧羅諾學校系統會保護妮可的最後一丁點信任也消失了。妮可也開始厭惡無性別廁所，她覺得被排擠，使用廁所也變成一種極為羞辱人的尷尬經驗，所以她常在下課前舉手表示要上廁所，才能不被人看到她穿越走廊進入廁所的模樣。沮喪的妮可甚至開始疏遠朋友。有一次，妮可說聽到另一名學生壓低聲音描述夢想中的「快樂天堂」，「就是沒有像妮可那種人存在的地方。」

凱莉把工作當作生活的避難所。她在緬因警察大學找到了一份行政兼職，負責協助「公共安全通訊」進行自願認證計畫，目的是追蹤警官是否根據明文規定的指示與準則執行一切勤務，例如做出良好的管理決策或面對天災的事前應對。她在工作時通常不會談論私事或家庭狀況，如果可能的話，她只希望在此能夠不用思考那一切。

凱莉的問題在於：她總想在糟糕或複雜的事情發生前解決一切，而老在預防災難，使她精疲力竭。她總愛開玩笑地說，雙胞胎的六年級生涯讓她長出抬頭紋和灰頭髮，而實際情況確實與此相距不遠。因為只是兼職雇員，凱莉總能在放學鈴響前就站在雙胞胎的學校門口等待，他們還就讀五年級時，她甚至直接站在妮可教室外面的走廊等她下課。那對凱莉而言是一段寂寞的時光，畢竟韋恩整天得工作，也無法幫助她處理孩子每天的問題。就連晚上他也常常不在，不是出去騎車、跑步就是砍樹，雖然有人以口頭或文字的方式攻擊女兒時，韋恩會為了她的權利挺身而出，但要他說出「妮可」這個名字仍有些困難。

韋恩非常享受冬天得為三百英呎長的車道剷雪的時光。這件工作非常花時間，投身其中時不用思考家庭的事。只要有機會，凱莉也會躲到地下室臨時搭建的藝術工作室，但大部分時間都在確保妮可和喬拿斯一切順遂。不過學校的「關注」政策確實逐漸擊垮了妮可，在凱莉看來，就算要實行所謂的「關注」政策，目標也該是傑考布。

雙胞胎的六年級時光來到春天。此時學校有項到白水溪泛舟過夜的例行活動。學校通知妮可必須遵守特別規定：她不能跟其他女孩一起睡在帳篷裡，必須和家長獨立睡在另一頂帳篷內。凱莉勃然大怒，隔天衝進鮑勃．路西的辦公室，質問了一個或許是她這輩子問過最荒謬的問題：「你是把妮可當作潛在的性侵犯嗎？所以她才不能跟其他女生睡在一起，而是得和家長睡在一起嗎？」

路西沒回應。

「那同志孩子們睡哪裡？還是他們也不能去旅行？」

同樣的，沒有回應。

凱莉打給正在上班的韋恩，描述了事發經過。

「我們得離開這裡。」她在掛電話前這麼說。

凱莉知道身為家長與社區成員，她已經無法再做些什麼來幫助學校正確對待她的孩子了。他們得搬家。

霍姆斯醫生退休後，接手的是克莉絲汀・塔爾巴特（Christine Talbott），她發現此時妮可的情緒在焦慮與憤怒間擺盪。她主要執行的是認知行為療法，常在療程中對妮可進行藝術治療。在一次早期會面時，她要求妮可畫一幅自畫像。妮可的鉛筆素描風格類似她最愛的電視卡通《魔法俏佳人》，筆下的人物也像卡通中的雪姬、黑姬、雷姬一樣擁有纖纖細腰，穿著女版上衣和喇叭褲，面帶微笑，右手撐在臀部，左手則豎起大拇指比出「讚」。塔爾巴特醫生在她的筆記本上寫道：「自畫像非常鮮明。個案擅長漫畫藝術風格。她所認同的漫畫角色擁有相對於身體比例偏大的手，代表個案覺得必須捍衛自己。」

下一次會面時，塔爾巴特請妮可在一整疊畫著簡單線條的人物與動物的卡片中挑一張，想像某件事發生在她所挑選的人或動物身上，然後把場景畫出來。這項測驗的目的之一是要評估個案的抑鬱程度及暴力傾向。妮可問她是否可以多選幾張卡片、多畫幾個場景，塔爾巴特表示當然沒問題。測試結果會被評以一到七分，一分的情況最糟——有自死或傷人傾向——七分則代表個案的心境最為正向。之後塔爾巴特為妮可的畫作評分：

第一張畫是一個印地安人希望被視為「最有價值的弓箭手」，是六分作品，「有效、強悍且期待好運」。第二張畫的是一個邪惡的男人爬上一座邪惡火山，希望取得金色手槍射殺放逐他的皇后，代表了個案不停在與性別認同議題反覆搏鬥，以及所面對的社會壓力。金色手槍代表解決她痛苦的神奇解方。

塔爾巴特對第二張畫的評分是：二。

治療師的挑戰是幫助妮可找到除了拔睫毛與摸牙齦之外的放鬆方法。她所建議的其中一個方式是「情緒釋放技巧」，那是一九九〇年代所發展出來的一種諮商手法，主要由另類醫學模式發展而來，尤其是針灸，因此其中一個步驟就是要拍打遍布身體的能量穴位。這些穴位大多位於頭部、鎖骨之間，及手臂下方。患者一開始要先辨認出需要處理的議題，以及問題強度，然後找出自我肯定的一套說法，一邊拍打能量穴位一邊重複誦念。對於妮可而言，此技巧剛好利用了她的強迫症傾向，因此其中的肢體重複動作恰巧提供了幫助。

另一次會面時，妮可看起來非常雀躍。

「我突然頓悟了！」這個十歲的孩子告訴她的諮商師。「我就像站在一台跑步機上，一台負面情緒的跑步機！」

塔爾巴特要求妮可想像自己從跑步機上走下來，她照做，還想像她打壞跑步機後丟掉。會面結束前，塔爾巴特帶妮可做了兩輪減壓拍打。接下來幾個月，塔爾巴特發現妮可愈來愈不躁動，講話也不再像之前那麼戲劇化，情緒似乎更安定了。在其中一次會面尾聲，妮可覺得喉嚨塞滿髒話，這位心理治療師也請妮可做減壓拍打。

做完之後，妮可說她覺得好多了。

「個案開始了解基本（認知行為治療）技巧。」塔爾巴特在筆記中寫道。

五月，隨著六年級即將結束，凱莉和妮可都感到疲憊且焦躁不已。在某次和妮可會面之前，塔爾巴特表示凱莉或許也該來進行幾次會面，凱莉表示同意。她需要情緒支持，也需要學習更多應對技巧，畢竟妮可這個學年結束得很糟——傑考布在五月騷擾了她兩次。第二次騷擾妮可時，他笑她長了「鬍鬚」，氣壞的妮可立刻上網大肆發洩，逼得凱莉沒收了她的電腦長達兩週。學校中來自社會的壓力從未間斷，妮可顯然處理得不太好，她憎恨那些受歡迎的女孩，甚至想像傷害她們；她也對傑考布和那些嘲笑她的女孩憤怒，有時還希望把他們都殺掉。

塔爾巴特建議，當面對騷擾或霸凌時，妮可最好一臉冷漠地盯著對方，不要因為挑釁而開始咒罵或打人。「個案承認她也會主動挑釁，」塔爾巴特的筆記中寫道，「她恨透現在的學校。」

四月的某天晚上，妮可參加完社團活動回家時顯得極為低落。凱莉和韋恩不停鼓勵她說出來，最後她才承認，本來她和一群女生朋友正要走到廁所補妝，此時校長路西大聲對著她們吹口哨，指著妮可，以手勢表示她得去職員廁所。

「我們用的是另一間廁所，」他說，而這裡的「我們」其實指的只有妮可。她整個人僵住了。

「我好恨自己是個跨性別者。」當晚睡覺前，她這麼跟父親說。

親愛的宇宙，

嗨，是我，妮可，我知道我們不常聊天，但我想談談最近讓我困擾的事。跨性別。不，不是跨性別本身，而是我們被對待的方式，還有，為什麼我們這個不能做、那個也不能做。為什麼大家這麼在意這件事？

首先，為什麼大家這麼在意一個人褲子裡長了什麼？我沒有要談太哲學的問題，但類似的爭論不是已經存在好多年了嗎？一開始是非裔美籍人士、然後是猶太人，現在是LGBTQ的人。我覺得人們只是愛找些什麼來抱怨，就把苗頭指向少數族群。他們大張旗鼓地說我們是帶領大家走向毀滅的人，所以想盡辦法把我們趕進別間廁所，還要修法把我們趕到最底層……還有，既然醫學界把跨性別稱為「性別障礙」，那為何不用其他「障礙」的標準同等看待我們？保險公司把性別重建手術分類為整形手術，而不是必要醫療措施。這實在太荒謬了！大家根本不打算讓我們好過！保險公司只認為確保你不會死掉的那種手術是必要醫療措施。既然如此，性別重建手術也攸關生死呀，畢竟有百分之四十一的跨性別者都曾試圖自殺——這比全體國民的自殺率高了二十五倍！我不禁想，要是每名跨性別者的手術都能得到醫療給付，自殺率會降到多低呢？我希望當然是百分之零，不過我知道一個人之所以自殺，可能還有其他影響變因，像是在學校被霸凌……所以，宇宙，要是不在意的話，能不能讓世界變成一個對LGBTQ社群更安全的地方呢？很多人會非常感謝你。

多元不是疾病。

——喬治・坎古漢姆（GEORGES CANGUILHEM）

三、性別議題

26 跨性別者的腦

因為各種研究蓬勃發展，性別科學家最近終於得以建立同性戀的基因與神經學理論基礎，舉例來說，根據研究發現，當一位婦女在懷孕初期受到壓力，相對於沒有受到壓力的婦女，她生出的兒子是男同志的機率較高。理由是：感受到壓力的孕婦會釋放出雄烯二酮（androstenedione），雖然類似睪酮，但事實上效果較弱。這種因為壓力產生的荷爾蒙打亂了睪酮釋放入胎兒大腦的時機與份量，也干擾了大腦性傾向區塊的發展。

但跨性別者的生理證據在哪裡？一九九〇年代中期，許多人研究了跨性別者死後的腦解剖結構，發現男性與女性的根本差異起始於情緒中心「杏仁核」，杏仁核會發送訊息到下視丘，也就是身體所需各式荷爾蒙的指揮中心。這個被稱為終核紋（bed nucleus of the stria terminalis，BNST）的中心區主要負責「性」與「焦慮」反應，平均而言，男性的尺寸是女性的兩倍。因此，跨性別女——外表擁有男性解剖學結構，但一輩子都擁有女性性別認同——腦中的BNST相對男性而言尺寸較小，反而跟擁有女性內外生殖器官的人相同。有趣的是，無論個體是否接受性別重建手術或荷爾蒙治療，這種差異都不會改變。同樣的，科學家解剖接受大量女性化雌激素治療的睪丸癌患者大腦時，也發現這類男性的BNST並不會萎縮。

二○○八年，澳洲研究者發現了跨性別女的基因變異：他們的男性性荷爾蒙「睪酮」的受體基因比順性別男性還要長，因此身處子宮時指示吸收男性荷爾蒙的效益較低，導致大腦較為「女性化」。以下視丘的神經元數量與尺寸為例，男跨女與女性相似，女跨男則與男性相似。另外，大腦深處組成基底核（basal ganglia）的一個結構名叫殼核（putamen），其尺寸差異也和性別認同相符，不一定對應生理性別狀態。

針對性別認同是基於大腦而非生理結構，我們還能找出更多證據，例如陰莖癌患者會被迫移除陰莖，根據研究，其中有百分之六十的人會在原本有陰莖的地方出現痛覺，就像那些切掉四肢後有幻肢傾向的人，然而如果選擇性別重建手術，即便陰莖被移除後重造為陰道和陰蒂，卻從未出現這類「幻想陰莖」的案例。

既然從不覺得自己擁有，當然也不會感覺失去。「我是個女孩，」妮可總是說，「我不認為自己可以變成一個男孩。」她不認為自己能變成男孩，因為從來不覺得自己是男孩，同樣地，喬拿斯也從來不覺得擁有一個弟弟，因為他所認識的懷特，也就是現在的妮可，在他看來始終都是妹妹。凱莉跟韋恩常被這一切搞得昏頭轉向，但即便他們不了解，也無法改變事實真相。他們始終不了解，一對同卵雙胞胎既然擁有同樣的DNA，最後的發展怎麼會如此不同。

為什麼喬拿斯就不覺得自己是個女孩呢？

「表觀遺傳學」（epigenetics）是一個相對新穎的研究領域，藉由外在修飾基因，也就是「開啟」或「關閉」特定基因，相關研究界者希望探索介於「天生」與「教養」之間的無人之境——環境得以影響基因組成的過程。情況通常是這樣：當環境發生改變，有些基因會被活化，有些卻失去活性。同卵雙胞胎可能擁有同樣基因組成，卻不擁有同樣分子開關，這些開關不只受到子宮外部影響——母親的行為、感受、飲食或抽菸習慣——也會受到子宮內部影響。同卵雙胞胎雖共用胎盤，但各自浮在不同的羊膜囊中，而且各有各的臍帶。科學家也發現，發展中的胚胎在子宮中的位置各有不同，各類荷爾蒙造成影響的程度也會有所差異。分子之間也會彼此影響，即便兩個胚胎距離很近，同卵雙胞胎受到的影響仍然不同，因此形成了各自獨特的藍圖。

即便在出生後，性別認同也不見得定案了。二〇一五年三月，馬里蘭醫學大學的研究指出，只要在新生母老鼠下視丘的視前區注射某種形式的睪酮，就能改變牠們的性別行為，雖然年齡已有數週，這些母鼠大腦仍成功被睪酮衍生物雄性化，且展現出公鼠的典型性行為。這些老鼠就生理而言是母鼠，繁殖行為卻類似公鼠，因此科學家相信，類睪酮物質的注射啟動了某種機制，使之前在子宮內曾失去活性的腦內基因再次活化。

無疑地，我們知道影響性別認同的變因橫跨了生物學到社會學等眾多領域，雖然待解決的問題仍很多，但我們現在知道的是，基因與孕期後半的的荷爾蒙互作用會影響大腦發展，且其作用方式會對性別認同產生重大影響。一旦我們理解胎兒大腦的性分化發生在孕期後半，比性器發展還要晚，而且兩者皆得透過複雜的生理機制，那麼，性別認同的各種殊異顯然不該令人驚訝。

就算要說，這些殊異強化的也是性別認同絕非固定不變的思想，其實性別只是一個人自我認同的材料之一，對於某些人而言，自己是男是女並非像某些人而言是自我認同的主軸。研究顯示，即便是順性別者，對於性別認同的滿意程度也有所不同。性別殊異似乎是常態，而非例外，因此，認為性別截然二分，且將所有不符期待的性別行為病理化，其實只是一種根深蒂固的頑固思想。

表觀遺傳學也讓研究者開始質疑達爾文的性擇說——這項規律僅僅奠基於男／女兩種性別，且強調所有人類特徵，包括性別，都是各物種為了適應環境而演化出的結果。因此，有些特定生理與心理特徵之所以出現，是為了創造出更多交配的可能性並增加生存機率。達爾文相信，兩性之分能夠幫助物種彼此競爭、增加生存率，也更能適應環境。根據他的理論，所有包括同性戀的性別變異都只是異常結果，因為無法交配，因此只會降低生存率。

然而自然本身的現象卻與此理論相衝突。生命一開始都是無性別的，超過百億年前，兩個細胞相遇，細胞核相撞後導致DNA交換，之後單細胞群體聚集一起後產生了兩棲類，之後是爬蟲類、哺乳類與人類。但所謂的雌雄兩性究竟是從何處起源？為了回答繁殖為何需要兩個有機體結合的問題，科學家發展出各種理論，但沒有確切答案。達爾文信徒相信，來自兩個有機體的染色體或許能造就多元基因組成，而表面上看來，所謂的多元性能提高生存率。不過這個性擇理論的問題在於：現實中有太多二元性別論之外的例外。

大自然中的性別是流動的、動態的，甚至能夠彼此交換。性轉換的情況在魚類中很常見，包括海鰻、蝦虎魚和小丑魚。在一群小丑魚中，雌魚佔據位階最高點，等她死後，最強勢的雄魚會變性成雌魚頂替她的位置。珊瑚魚群中的唯一雄魚要是死亡，體型最大的雌魚會變得非常具有攻擊性，並在十天後產生精子。坦尚尼亞的土狼群中的所有母狼都有雄性外生殖器。世界上還曾發現會變性的鹿和有育兒袋的公袋鼠。二〇一五年，研究發現澳洲鬃獅蜥的雄性會在氣溫升高時變性，成為多產的雌性。這種蜥蜴跟人類一樣擁有兩種性染色體，Z和W，雄性帶有ZZ，雌性帶有ZW，但當雄性的卵暴露在超過華氏八十九度的高溫之下時，帶有ZZ的胚胎就會發展為雌性。重要的是，這一切有關繁殖的複雜性討論不是為了反駁有性繁殖的成功之處，而是要提供有關性變異的證據，許多科學家認為，這些例子能幫助說明人類的許多狀況。

有些人類社會確實擁抱多元性別，巴布亞新幾內亞的東部高地就認可第三性別的存在，部分第三性別嬰兒出生時擁有5-α還原酶缺乏症（5-alpha-reductase deficiency），這些孩子出生時外生殖器看來比較接近女性，但到了青春期會出現男性化傾向：睪丸下降、聲音變粗，臉上也會長出鬍子。根據巴布亞新幾內亞語，這些「第三性別」者被稱為「kwolu- aatmwol」，意思是「從女性的東西變成男性的東西」。多明尼加共和國也有孩子出生時擁有同樣症狀，他們被稱為「guevedoche」（十二歲的陰莖）或者「machihembras」（先女變男）。至於印度、巴基斯坦、尼泊爾和孟加拉有數以百萬計的跨性別者，他們被稱為「hijra」，是一個可以追溯到至少四千年前的用詞。根據古老的亞洲神話，hijra擁有特殊的力量，能將好運及生殖力授予他人。印尼的布吉斯人（Bugis）相信人不只分成兩、三種性別，而是有五種性別：男性、女性、生理男性但以女性角色生活、生理女性但以男性角色生活，另外還有男女皆然者。如果沒有五種性別分類，布吉斯人相信世界無法存在。換言之，性別非常必要，但不見得只有男女兩種。

27 心靈的性別

性別的定義、描述行為、外表、感受和經驗都一直隨時間改變，隨著科學逐漸揭露性別的複雜性，定義一個人的性別變得愈來愈困難。最近有幾樁與性別改造有關的案例走進了法庭，許多法官不只開始吸收有關跨性別的生物學知識，也開始梳理適用於跨性別者的憲法權利。

在釐清跨性別者法律權利的過程中，你會發現，當社會對性別的印象還深植於如同古董的刻板印象時，這一切有多麼困難。二〇一三年，維吉尼亞州林區伯格（Lynchburg）的廷伯雷克基督教學校（Timberlake Christian School in Lynchburg）有一天把學生桑尼・凱爾（Sunnie Kahle）趕回家，還附上了一封信函給她的祖父母（也是她的法律監護人），表示如果她不再穿得「更像個女孩」，就不歡迎她來學校。根據學校官方說法，她的短髮、球鞋和T恤裝扮讓人無法確定桑尼是男是女，因此害大家不自在。「我們相信，桑尼和她的家人必須清楚理解上帝將她造為女性，而她的衣著與行為都必須追隨上帝指定的性別，否則，本校將不再是一個適合她接受教育的所在。」信上這麼寫道。

二〇一三年秋天，堪薩斯有一名十三歲的八年級男生被學校被勒令休學，只因為肩背一個印花女款提包，雖然學校的衣著規定並不包括女款提包，師長卻逕自表示特定課堂內不得攜帶這類提包，因此，當這名學生不願放棄提包，學校就放棄了他。這起事件鬧上新聞後受到廣大關注，設計師因此送了更多提包給這名學生。

二〇一五年，北卡羅來納一所學校高層告訴一名九年級男學生，為了避免被其他學生嘲笑，他應該停止攜帶《彩虹小馬》的便當盒。根據學校表示，那足以「引發霸凌」，但學生母親表示，「將便當盒視為引發霸凌的原因，就像在說短裙是引發強暴的原因。」

但偶爾也會出現正向故事。二〇一五年三月的密西根州，星球健身集團的總裁取消了一位女性的會員資格，因為她不停針對另一位使用更衣室與健身設施的跨性別女提出抱怨。星球健身表示她的行為「對其他會員產生不適當且破壞性的影響」。幾天之後，這名女性對星球健身提起訴訟，認為她使用星球健身公共設施的權利與「合約權益受損」，因為這間健身房顯然更重視跨性別女的權益。這場訴訟仍在進行中。

當然，並不是所有性別爭議最後都會走進法庭。有些爭論發生在教室、宿舍，甚至美國各地最高學府的行政長官之間。此外，全美還有十多間全女子大學，其中大部分成立於十九世紀末與二十世紀初，當時女性不被鼓勵追求高等教育，常被拒於男子學院與大學的門外。一九六〇與七〇年代的女性運動幫助女性大學成立，不過後來許多都決定收男學生。傳統的七姊妹學院中有五間是全女性學校：史密斯、何約克山、威爾斯利、巴納德和布萊恩毛爾。這些學校現在常得處理女學生認同為男性的現象，如果在就學時變性為男性，學校需要處理的細節就更多。大部分女性學院只接受自我認同為女性的學生，不過近年來，麻薩諸塞州的何約克山和加州的密爾斯學院都開始接受認同為女跨男的學生。二〇一五年四月，史密斯加入了何約克山及威爾斯利的行列，修改了對於男跨女的政策：無論出生時性別為何，只要認同自己為女性者皆可入學。普遍而言，無論就生理或心理而言，跨男選擇申請女性學院都是認為這裡更安全。許多女性學院也增加了性別中性的代名詞選項，另外有些學校以「手足情誼」取代學校中的「姊妹情誼」。

假如這個世界上沒有任何一個測驗可以確立性別，如果性別就存在於「天生」與「教養」之間的一個無限之地，那麼，性別就不只是生物現象，還有關我們如何告訴自己以及他人我們究竟是誰。

「唯一能真正確立性別的測驗，就是真實的生命經驗，也就是我們每天所過的生活，」珍妮佛・芬妮・柏蘭曾有一次如此寫道，「能夠判定一個人性別最好的裁決者，絕對不是什麼墮落且充滿問題的測驗，而是存在我們內裡：我們的心靈。但我們又該如何測驗心靈的性別？」

28 隔離但不平等

針對奧羅諾學校系統，凱莉和韋恩向緬因人權委員會提起了申訴，二〇〇九年六月五日，針對是否有繼續提出訴訟的偏頗情況，委員會發布了調查報告：

我們有足夠理由相信，被申訴之學校協會第八十七號、管理人克蘭奇及奧羅諾學校局確實有違法歧視情事，無論就教育或公設層面而言，申訴人被拒絕進入與她性別認同相符的廁所時，就是因為她的性傾向遭受違法歧視。

這只是初步判決，但確實有利於妮可，委員會建議「和解」，這也是梅因斯家一直以來的盼望。凱莉和韋恩只希望學校願意聆聽他們，把他們的建議放在心上，並找到幫助妮可重新融入學校一般生活的方法。

正在等待來自奧羅諾校方的回應時，梅因斯卻接到了壞消息，韋恩的父親在幫鄰居焚燒一張老舊的單人沙發時受了重傷，他的衣服著火，現在得待在重症加護中心。考量他的年齡與健康狀況，醫生認為他很可能撐不過去。

韋恩和凱莉決定先對雙胞胎隱瞞事情的嚴重程度。他們再過幾週就要畢業，說不定爺爺會在這段時間康復，所以他們只說爺爺在意外中受傷，而爸爸得去醫院照顧他。不過畢業隔天，凱莉還是告訴了孩子真相，而比爾爺爺沒過多久就去世了。

數十位家族親戚參與了在紐約上州舉行的葬禮，守靈時，韋恩很高興能和多年沒見的親戚見面，但也注意到幾位年輕人——大多是外甥或姪女的朋友——偷偷對妮可指指點點。妮可本人似乎完全沒發現，只在心中回顧大家聚在爺爺湖屋的快樂時光，那裡總是充滿杉樹與夏花的香味，一切都如此美好，不但與身為跨性別無關、更與傑考布、保羅．梅蘭森或基督教公民聯盟無關。看到這麼多人來對爺爺致意，妮可內心很安慰。

她唯一不滿的是：所有比爾爺爺的親戚和朋友都穿了一身黑。妮可覺得這是個錯誤，根本白白浪費了能夠回顧歡慶某人精彩一生的機會。對她而言，一切都有關身體、感受與美感。她就是如此感受這個世界。於是此時她了解到，她最懷念的就是待在爺爺身邊的時光，但此後她無法再擁抱他，更無法感受到他溫柔的親吻或鬍渣刺到她臉頰的搔癢。最重要的是，他再也沒有機會看到她原本該擁有的那具身體，這令她心碎。

在人權委員會做出一致決定後，凱莉和韋恩希望收到來自奧羅諾學校系統的善意回應，但什麼都沒有，一片沉默。學校顯然不願為妮可採取任何行動，梅因斯家於是決定向潘諾布斯柯特郡最高法院（Penobscot County Superior Court）提出民事訴訟，「確認學校有違法歧視情事，無論就教育（起訴理由一）或公設層面（起訴理由二）而言，申訴人被拒絕進入與她性別認同相符的廁所時，就是因為她的性傾向遭受違法歧視。」訴訟中也包括「蓄意造成精神痛苦」，以及「無法改善妮可五、六年級時不停被騷擾的敵意教育環境。」

這項訴訟的核心問題很簡單：強迫妮可這類的人與其他人分開並獨自使用教職員廁所符合憲法嗎？換句話說，這樣真的是「隔離」但「平等」的嗎？超過一世紀前，美國最高法院因為做出首宗「隔離但合法」的判決而引起軒然大波。一八九二年，紐奧良有一位黑白混血的鞋匠名叫荷馬．普雷希（Homer Plessy），他故意坐在火車上保留給白人的座位。四年之後，當最高法院發表他們對於「普雷希對上佛格森」（Plessy v. Ferguson）一案的意見時，所有大法官都認定公共設施的種族隔離沒有違憲，並表示「社會權利」不屬於所有種族，只有一位法官持相反意見，這位約翰．哈蘭（John Harlem）在論及此項決定時寫道：

> 這種讓乘客在火車座位上得以「平等」的薄弱假象騙不了任何人，也無法矯正今日所鑄成的錯誤。

超過半世紀以來，吉姆．克羅（Jim Crow）的隔離法使得「隔離但平等」成為這片土地上的正式法則，直到一九五四年，「布朗對上托普卡教育委員會」（Brown v. Board of Education of Topeka）一案才被推翻。然後隨著公民權利法案（Civil Rights Act）在一九六四年通過，沒有任何人能因為種族、宗教或性別而被拒於公共設施門外。

過去十年來，對抗針對性傾向及性別認同歧視的法律也逐漸站穩腳步。二〇一五年，總共有二十二個州和哥倫比亞特區明令禁止工作場所的同志歧視，其中也至少有十八個州加上哥倫比亞特區明令禁止歧視跨性別人士。同樣地，公平住屋法也保障同志在二十一州（加上哥倫比亞特區）的權利，其中十六州（加上特區）保障跨性別者。至於緬因州，無論就業或住屋法都明白表示，只要根據性傾向與性別認同歧視任何人都違反法律。

情況很明顯，接下來幾年，法院針對梅因斯家的判決結果會成為執法人員參考的先例。目前在媒體及法院文件上，韋恩和凱莉都被稱為「無名氏A」、「無名氏B」，而妮可也被指稱為「無名氏C」，當然，奧羅諾當地人知道他們是誰，也知道他們在爭取什麼，除此之外，在他們所屬的小小新英格蘭社群之外，他們根本算不上名人，但他們感覺自己的名字遲早會被更多人知道。

六月，凱莉與代理校長鮑勃．路西又進行了一次會面，他當時仍是奧羅諾中學校長。她必須知道學校對妮可升上七年級之後的安排：還要繼續進行「關注」政策嗎？妮可還得使用教職員辦公室的廁所嗎？這兩者本來只是針對傑考布騷擾的應對方案，現在卻似乎成了永久方案，並造成了妮可的壓力與傷害。情況一定得有所改變，不然他們全家大概無法繼續住在奧羅諾。她不想讓孩子繼續上這種學校，而實際情況是，如果不搬家，他們幾乎沒有其他學校可讀。

路西的答案非常明確：一切都不會改變，他說；所有規定維持不變。

「好，我想我們得搬家了。」凱莉回答。

她說這句話時直直盯著路西的眼睛。他沒說話，但凱莉首次看到他臉上出現一抹微笑。這是一位身兼小學代理校長的中學校長，但當一個家庭因為無法忍受的學校處境而被迫放棄好不容易建立起來的生活，他竟然感到開心。他明明握有改變這項處境的權力，但就是選擇不做。

凱莉當晚就跟韋恩長談。她從別人那裡聽說，傑考布已經在問老師七年級教職員辦公室的位置，很明顯的，傑考布的行為（妮可偶爾覺得被他跟蹤）絕對會繼續下去。韋恩和凱莉知道有可能走到這一步，再加上認識了芭芭拉，兩人早就計畫搬到距離奧羅諾南部一百四十英里的波特蘭。芭芭拉在附近的班戈經營事業，有個和雙胞胎年級差不多的跨性別兒子，他們搬到波特蘭後到海倫國王中學（Helen King Middle School）就讀。那是一間在多元城市中的多元學校，根據芭芭拉表示，無論行政單位或老師都擁抱多元，而這正是凱莉與韋恩所需要的資訊。

妮可和喬拿斯聽到這個消息都不是很開心。他們不清楚父母與學校之間的交手細節，也不知道情況早已白熱化。不過現在他們也明白，學校不願再做出任何妥協，而妮可無法再過一整年需要提防傑考布、被老師不停跟在身後或獨自被放逐到教職員辦公室的生活了。

訴訟的判決結果不知何時會出來，到時候他們搞不好都上高中了。本來梅因斯家希望情況會在雙胞胎進入中學後有所改變，但因為當地的小學、中學及高中都緊鄰彼此，改變空間實在有限。凱莉和韋恩也明白，唯一能保護孩子的方法就是讓他們重新開始。不過他們得先考慮韋恩的工作。他的薪水很不錯，想在緬因州找到類似職位並不容易，即便波特蘭的薪資普遍偏高，要在當地找到理想工作也不簡單。

他們決定賣掉房子，到波特蘭找個較小的住處，或許先租房，畢竟韋恩一開始得留在奧羅諾工作。凱莉打算和孩子們先搬到波特蘭，韋恩則在週末及假日時去找他們團聚。他們本來以為生活會隨時間改善，夫妻在工作上的成功或升遷會幫助他們擁有更好生活，但傑考布和保羅．梅蘭森卻詭異地改變了這一切。突然之間，韋恩和凱莉必須減少開支。生活開始走回頭路。

更糟的是，他們後來發現，即便新學校的行政階層態度比較開放，當一名跨性別女孩入學後，沒人敢確定其他學生及家長發現後會有什麼反應。梅因斯家已經沒有心力再經歷一次發生在阿薩．亞當斯小學的災難，所以他們做出決定：韋恩留在奧羅諾，凱莉和孩子搬到波特蘭，而妮可和喬拿斯會「隱身」入學，也就是說，除了校長和老師之外，波特蘭國王中學不會有任何人知道妮可是跨性別者。

離開奧羅諾代表離開他們房子後方的大片林地，喬拿斯和妮可以前能在那裡玩上數小時捉迷藏；凱莉失去韋恩幫她改建成藝術工作室的地下室，而妮可也得向牆壁漆成薰衣草色、天花板也貼了螢光星星的臥房告別。她甚至懷念漆在牆壁頂端靠近天花板的那一圈裝飾，因為那顏色擁有一個超棒的名字：嘛嘴綠。

不過對妮可與喬拿斯而言，最困難的還是必須離開他們的共同朋友圈，這些朋友理解他們經歷的苦難，也明白他們非得搬家的原因。更讓雙胞胎難以接受的是，無論在波特蘭交了多少新朋友，那些人都不會知道過去兩年他們在奧羅諾經歷了什麼——他們不會知道妮可是跨性別者，也不會知道騷擾事件、阿薩．亞當斯學校的政策、爭執和訴訟。也就是說，他們必須把生命中最痛苦的兩年徹底埋藏起來。

29 隱身入學

梅因斯一家等於是把十多年的生活丟入碎紙機，換來的卻只是一段未知的未來。時間也不站在他們這邊。他們得儘快把房子送上拍賣市場，到波特蘭找個讓凱莉和孩子居住的地方，另外還得為喬拿斯及妮可在國王中學註冊、與校長及老師見面，並且打包所有家當後再把一部分放入儲藏室——這一切都得在兩個月內完成。其中最簡單的是替孩子註冊，然後與超過二十五名教職員見面，之後除了這群成年人之外，不會有任何人知道妮可的身分。如果有人發現妮可是跨性別者，梅因斯家就得想出全新的應對計劃，說不定還得再次搬家，但光是想像就太困難了。凱莉和韋恩是否相信學校能夠保守妮可的祕密？可以，校方這麼向他們保證。但還有另一個隱憂：凱莉無法百分之百確定妮可能夠保守祕密。

搬家當天的氣溫大約華氏九十度，熱氣使奧羅諾的柏油路面變得火燙。韋恩的肺炎剛好，因此等他搬完、坐上卡車的駕駛座時，整個人已經累壞了。現場沒什麼搬家的喜悅，每個人都顯得焦躁不安，一副打算偷偷逃離小鎮的模樣。開上高速公路之後，卡車的哀鳴聲隨著韋恩加速而變大。

「爹地，車子聽起來要爆炸了。」喬拿斯說。

韋恩努力不把卡車逼到極限，這台車顯然狀況不好，而他現在可不想把引擎操到罷工。將近三小時後，他終於把卡車停在波特蘭一棟雙拼別墅前的車道，卡車才停下，引擎的分歧裝置立刻轟的一聲與排氣系統斷開。這下好了，韋恩還得想辦法把這台開不了的卡車運回奧羅諾。

南緬因大學位於波特蘭，其中法學院距離他們住處才兩個街區，由於曾有世世代代的學生住在校園週遭，整個街區都散發著老舊、衰敗的氣息。房子前的大街無時無刻會有警車與救護車經過，數量比凱莉或韋恩這輩子所見過的總和還多。他們花了一段時間才習慣在這類噪音的陪伴下入睡，尤其是只有週末來訪的韋恩。

房子入口有彼此距離數英呎的兩道門，每道門後各有一道帶了兩個鎖的內門。韋恩從未見過這種門，畢竟他跟凱莉之前住在奧羅諾時從不覺得需要鎖門。大門一進來就是客廳，但只夠放一張沙發跟一把扶手椅，另外內嵌鑄鐵暖爐。牆上有一層層不同住戶塗上的油漆，天花板的灰泥有蜘蛛網般的裂縫。客廳的其中一側有三扇窗戶，容許一點光線照入，但因為離隔壁住了六名女大生的房子太近，早上時可以透過窗戶直接目睹她們燙衣服。後門離女孩的門廊更只有三十英呎距離，而許多喧鬧的派對正是在那裡舉行。有一次，韋恩正在煮晚餐，一名醉醺醺的年輕男子從後門闖進來與韋恩聊天，彷彿他們正參加同一場派對。

「你最好趕快轉身離開，以免被射殺。」韋恩告訴他。

年輕人立刻清醒過來，跌跌撞撞地跑了出去。

搬到波特蘭第一天，所有家當都從車上運下來後，韋恩靠在保險桿上休息了一下。隔著一條馬路，他看見喬拿斯和妮可正把玩具放進眼前的老舊屋內，亮藍色壁紙已經開始剝落，閣樓臥房沒有暖氣，唯一緊急出口是一扇小窗，外面還沒有樓梯。結婚超過十年，他和凱莉的生活沒有隨時間變好，反而愈過愈糟，他們在奧羅諾買房時正遭逢房地產的天價高點，現在可得花點時間才能賣掉，況且，就算現在只有韋恩在住，房子的貸款還是得繳，至於另外付房租的波特蘭住處，韋恩也只能算個訪客。

韋恩發現自己焦慮又沮喪。他的家庭即將散落兩地。他不想離開他們，不想獨自開車回奧羅諾，但也不希望孩子發現他在哭。他們還不懂現實嚴峻，是凱莉得在此地扛起一切。其實她早就習慣了，之前幾乎是她獨自帶領這個家庭渡過一次又一次的危機。就某方面而言，她想，分開住或許不是壞事，現在她能把所有心力放在孩子身上，不用分心擔憂丈夫的倔脾氣。

韋恩努力甩掉內心情緒。現在自憐自艾對誰都沒有好處。凱莉已經盡力處理一切了。於是，當他的妻子正把房子從閣樓到地下室刷洗一遍時，他出外買了一台小小的熱油暖氣，一支用來確認閣樓妮可房間溫度的溫度計，還有架在小窗戶底下的防火梯。他也試著把壁紙貼回牆上，可惜沒成功。

那天晚上把卡車熄火後，韋恩聽見樹梢外浮動著賽事主持人的微弱聲響，原來幾個街區外有座高中足球場。之前住在奧羅諾時，他和孩子都喜歡到緬因大學看比賽，所以搬家幾週後的某個週末，韋恩來訪時向喬拿斯和妮可提議散步去看比賽。中場休息時，喬拿斯說他要去點心吧買熱狗吃，妮可則跑去前方近距離看場上的啦啦隊員。就在啦啦隊表演到一個段落後，妮可回來坐在父親身旁，當時喬拿斯還沒回來。

妮可抬頭看著爸爸。

「有時候我真恨自己是跨性別者，」她說，「跨性別的孩子不是自殺就是被人殺死。」

韋恩嚇了一跳。他知道妮可這一年過得很辛苦，上學時不停被騷擾，之後又得面對訴訟，但這次的抱怨似乎有點不同。

「怎麼這樣說？」

「我在一部影片裡看到的。他們說大部分跨性別孩子都自殺或被殺了。」

妮可看的是一部名為《兩種精神：性、性別與弗雷德・馬丁尼茲之死》（*Two Spirits:*

Sexuality, Gender, and the Murder of Fred Martinez）的紀錄片，主角是一名跨性別的原住民青少年，放映地點在「南緬因驕傲彩虹青年中心」（Proud Rainbow Youth of Southern Maine，PRYSM）。為了尋找讓妮可放鬆做自己的地方，凱莉多方探詢，而ＰＲＹＳＭ是唯一符合標準的機構，他們的活動都辦在波特蘭的社區諮詢中心，就在北區一個稍嫌破敗的街區，來的人大多是年紀較大的ＬＧＢＴ人士。

某天，隨著ＰＲＹＳＭ成員魚貫走進社區中心，空氣中開始漂浮著陳舊的香菸氣味，燈暗下來，影片開始，首先出現仇恨犯罪的專家訪談，中間穿插著弗雷德與母親的照片和影片，另外還有那些被保留下來的犯罪場景，包括弗雷德被殺害的現場，還有用來打爛他頭骨的二十五磅血淋淋石塊。

妮可在座位上愈滑愈低，螢幕上另一名運動者開始描述針對跨性別者的仇恨犯罪：一名男子被一台車反覆輾過，另一個人則被人直接點火。妮可覺得噁心極了。被殺害的弗雷德·馬丁尼茲並不是一個問題青少年，根據他人描述，他「非常能夠接受自己的身分認同」，就跟妮可一樣。殺死弗雷德的十八歲兇手被逮捕定罪之前，還曾跟朋友炫耀自己「像捏蟲一樣捏死了一個死玻璃。」

回家後，妮可沒跟任何人談起這部影片。她就是不想談。沒過多久，她也不再參加

PRYSM的活動，但主因是無法認識其他跨性別青少年。

「那部影片裡的許多跨性別孩子缺乏愛他們、接受他們又支持他們的家長，」他告訴妮可，「他們不讓那些孩子做自己。」

韋恩不知道這樣回答對不對，畢竟就各方面而言，讓妮可「做自己」其實很危險，弗雷德就是個例子。凱莉和韋恩確實對此感到擔憂。

「外面確實會有惡毒、危險的人想傷害你，」他說，「你必須小心選擇可以信任的人，注意自己去的地方，以及跟你一起去的人選。絕對不要單獨去任何地方。」

二〇〇九年十一月二十五日，就在梅因斯家搬到波特蘭三個月後，他們的律師發起了民事訴訟。雖然緬因人權委員會之前的判決對他們有利，但提出的建議並無強制性，奧羅諾一方也沒有做出任何改變。因此，韋恩和凱莉得到的法律建議是提起民事訴訟，宣稱學校蓄意且怠忽職守地造成妮可及家人的精神痛苦，而學校這方既然拒絕改變，便等同繼續創造充滿敵意的教育環境。在通知阿薩．亞當斯小學的凱力．克蘭奇及奧羅諾學校當局此民事訴訟的信件結論中，梅因斯家的律師寫道：

二〇〇九年七月三十一日，克蘭奇先生無法做出有效行動，以確保N．M（妮可．梅因斯）繼續在沒有偏見、汙名及拒斥的教育環境上學。因此直接導致N．M及其雙胞胎哥哥被迫離開……奧羅諾學校系統。

30 從外往內看

七年級第一天，天空烏雲遍布，氣溫有點涼，雙胞胎走了半英里的路到國王中學，兩人沒說什麼話。他們的學校是棟狹長的兩層樓水泥磚造建物，坐落於山腳下一個勞工階級社區內。這所學校曾在兩年前上了新聞，因為他們是全緬因第一間（也是全國的頭幾間）為十一歲學生提供避孕協助的學校。這是他們在四年間接獲十七名學生懷孕案例後所做的決定。

當妮可與喬拿斯在那年九月早晨抵達國王中學時，他們被告知要與先另外五百位學生在停車場等待，直到第一次鈴聲響起，學校的一天才開始。這是每天的固定儀式。不知為何，喬拿斯覺得其他學生看起來年紀都比較大，而且似乎都不太開心，其中許多人最近才移民過來——包括非洲人、東亞人、穆斯林和錫克教徒。事實上，這間學校中的少數族群比喬拿斯和妮可在奧羅諾那幾年所看到的總數還多，懼怕與恐慌的感覺油然而生，這對雙胞胎只希望褪色溶入環境的背景。在停車場時，所有七年級生被分成兩組，之後這兩群人吃午餐及休息的時間都會錯開，所以從上學第二天起，喬拿斯和妮可就很少見到彼此。

國王中學的一切都不太對勁。校園很大，氣氛很不友善，尤其當你不屬於任何派系的時候；再加上他們得隱藏自己的身分及轉來此地的原因，更讓雙胞胎感覺無法融入大家。

妮可總是非常警覺地維護自己的雙重身分，但升上七年級的第二個月，當班上一名男孩在走廊邀她去約會時，她更是深刻意識到自己正過著雙重人生。那名男孩身形高瘦，短髮，帶著牙套，是第一個真正邀她去聽演唱會作為約會的對象。她嚇壞了。她知道自己不能答應，但又不想傷那男孩的心。

「抱歉，我不行。」她盡可能溫柔、禮貌地說。

男孩沒再要求她解釋。比起「不要」，「不行」聽起來比較溫和——至少比較容易——而且也不算說謊。她意識到未來兩年都不可能跟任何人約會，這讓她既傷心又挫敗，但除此之外，她之所以深感受傷，是發現過去在奧羅諾之所以沒人約她，正是因為所有人都清楚她的身分：她是跨性別者。她為這個身分認同奮鬥了這麼久，卻也因此讓男孩敬而遠之。她害怕自己永遠無法克服這個障礙，而諷刺的是，這名男孩提醒了她這件事。

這所學校充滿躁動不安的氣氛，雙胞胎身在其中很難敞開心胸，在就讀七年級期間，他們身邊就發生過好幾次衝突。喬拿斯和妮可之前從未見過同齡的人捲入鬥毆事件，但情況很快就改變了。喬拿斯迷戀上一個女孩，因為想融入同儕，所以跟班上幾名男同學分享了這件事，不幸的是，其中一名男孩後來也喜歡上這女孩，還約她出去。喬拿斯感覺被背叛，非常不滿，沒過多久，當他們班正在玩一種激烈的地板曲棍球遊戲時，喬拿斯針對那名讓他火大的學生做出一些過度攻防行為，一開始是手臂、手肘和肩膀不停推擠，後來演變成全武行。最後喬拿斯罵對方「婊子」，那男孩也回嘴，等喬拿斯意識過來的時候，他已經轉身揍了對方的臉。他立刻知道自己犯下大錯。平常的他根本不打架，但當時的失控怒氣卻完全戰勝了理性。

或許因為如此，喬拿斯後來退縮到音樂與吉他的世界——這些事只要一個人就能做。就讀阿薩．亞當斯小學時，他就在學校樂隊及管弦樂團中打鼓，本來也想在這裡試試，所以選了樂團課程。但開課第一天，才走進教室，他就覺得氣氛不對，彷彿大家都盯著他。等喬拿斯開始打鼓，另一位學生大聲嘲笑他，受傷的喬拿斯只好起身離開。

凱莉和韋恩每天都非常注意妮可的狀況，但也知道不能疏忽喬拿斯。他有一種被動的傾向，面對洶湧而來的世界——或與妮可有關的一切——他常選擇退開一步，不只任由自己被沖刷，甚至容許自己被淹沒。凱莉和韋恩總希望確保兩個孩子擁有同樣機會，一個人有的東西另一個人一定也要有，此外大多時候，兩人總是同步共享玩具、遊戲和大部分的朋友。不過相對於妮可衝動、激烈且主控慾強的個性，喬拿斯比較沉穩、理性，有時甚至因為懶惰而任由他人幫他做決定。但那些被他壓抑下來的負面情緒仍會時不時會浮現，偶爾甚至造成災難性的結果。

二〇一〇年四月底，也就是韋恩和其他家人分開住將近八個月時，韋恩和兒子講了一通比平常還要久的電話。喬拿斯向父親承認自己在學校被一些孩子揍了。

「為什麼不告訴你媽？」韋恩問。

「因為媽會難過，還會想採取行動。」

「採取行動」代表致電學校或毆打喬拿斯的學生家長，那是他最不想見到的結果。他和妮可一心只想融入大家，想成為一個正常的孩子，而不是一個跨性別者的哥哥，而且還是跨性別者的同卵雙胞胎哥哥。喬拿斯知道在國王中學絕對不能向任何人透露任何事，不然會永遠被貼上標籤，但喬拿斯有很強烈的正義感。他告訴父親，因為聽到有人亂罵「死玻璃」，即便被罵的不是他的家人，他也無法坐視不理。所以他挺身質疑對方，結果就被揍了。

韋恩了解他的心情，但還是希望他能有不同的處理方式。

「我不希望你去打架。你必須看著對方的眼睛，要求他別再這麼做，如果他不停止，立刻離開現場，報告師長。一定有更好的處理方式。」

妮可也清楚這個狀況。雖然她從未以肢體方式回應他人的惡意，但也曾數次想說出自己真實的想法，但又怕最後會不小心被迫出櫃。除了身為跨性別者之外，忠於自己的信念第一次顯得如此危險。她的同學常說：「啊，他那樣好像同性戀唷，」此時要忍住不做任何反應實在很難。她知道要是自己開口反對，其他人只會說：「干你什麼事？難道你是同性戀嗎？」而她不知該如何回應。她有挑戰這些偏見的絕佳理由，但不行，因為太容易害她暴露身分。所以她閉嘴，忍住所有怒氣，把所有自以為是的正義感封藏起來。

喬拿斯和妮可一樣每天走路去學校，也同樣幾乎每天一放學就走路回家，然後看電視、打電動。他和妮可有一些共同的朋友，不過雙胞胎兩人放學後不太跟他們來往，就怕跟他們太接近會無意間暴露太多資訊。這種「交朋友交一半」的模式既奇怪又充滿壓力。喬拿斯也發現自己對學業失去動力。他非常聰明，但身邊圍繞了太多對課業毫無興趣的同學，他的好奇心與對知識的熱愛也隨之乾涸。國王中學是一所探索學習型學校，遵循的是德國教育家克特・韓恩（Kurt Hahn）的創新教學法，中心思想是橫跨多學科的專題式學習。那一年的主題是「強勢入侵物種」，不過根據喬拿斯的記憶，無論學生或老師都對此興致缺缺，過程中雙方也沒得到什麼樂趣。到了學年尾聲，喬拿斯陷入了深深的憂鬱，還告訴媽媽想要自殘。凱莉立刻打電話給韋恩，但兩百英里遠外的他又能做什麼呢？他能跟喬拿斯在電話上聊聊，但去學校處理的人還是凱莉。於是她坐下，寫了封信給學校高層：

昨天喬拿斯回家時說他有自殘的想法。我丈夫和我決定帶他去諮商，今天就會安排，在此同時，我們希望你們能注意他的在校狀況。在確定他不會傷害自己之前，我每天早上會開車送他上學，放學後再陪他走回家。非常感謝你們的幫忙。如果有其他建議，我們也非常歡迎。

韋恩和凱莉知道，喬拿斯的狀況跟青春期的荷爾蒙分泌應該有很大關係。此外，喬拿斯也是個愛思考的人，但有時想得太深確實對他沒好處。凱莉為他找了一名諮商師，有了家庭以外的人聊天後，他似乎好了一些，但喬拿斯也是個喜歡獨力面對問題的人，他會把一件事在腦中不停翻來覆去，直到確定對此議題方方面面都了解後才罷休。這是他在國王中學常使用的方法，畢竟這間學校幾乎每天都有事能惹毛他，而他不能以惡毒反擊，表現得太蠢更只會讓人有機可乘，不過當然他也明白，把精力花在那些討厭的人身上毫無意義，只是自找麻煩。

喬拿斯對此非常清楚，因為他擁有和母親一樣的奇特能力：他能以幾乎像是浮在體外的方式省察自己，當這麼做之後，他知道回應所有惹惱他的小事一點也不合理。相反地，他應該低調處理，讓他的沮喪情緒在壓抑後慢慢消失。這需要自我控制的能力，而喬拿斯認為自己確實擅長。因此，當有人激怒他時，他會先仔細檢驗他們必須這麼做的動機，接著思考這些舉動帶給他的感受，然後把這些感受放到一邊。謎團解開，挫敗消解。一切簡單明瞭，直到這個方法終於失效。

妮可也困陷在自己的思緒中。她閱讀、玩電動、和奧羅諾的朋友在網路上聊天。儘管有兩個孩子，梅因斯在波特蘭的家卻總是過於安靜。

喬拿斯總是待在自己房裡，妮可也是。兩人都很難專注於課業。喬拿斯的自然和數學能力很強，但兩者成績都在下滑，妮可的西班牙文也被當了。她對未來絕望，深信永遠不會有人愛她，更不可能想跟她結婚。妮可不怕接近人，但怕一旦接近了「錯誤的」人，所有祕密就會被攤在陽光底下。

她的祕密曾有兩次差點曝光。第一次是在校外，妮可因為喜歡畫畫和演戲參加了「女孩幫伙」（A Company of Girls，ACOG），一個主要透過戲劇與藝術活動為青少女培力的組織。在某次聚會中，另一名學生突然沒來由地問她是不是跨性別者。

「什麼？」妮可回答。

她的心跳得好大聲，教室內所有人應該都聽見了，但她還是表現低調，一副聽不懂那個女孩在說什麼的模樣。她怎麼可能發現呢？妮可盡量表現出無所謂的樣子，同時祈禱那女孩別再講下去，她確實也沒追問，但妮可一度害怕她的偽裝真要被識破了。另一次是在女生更衣室，一名女孩問妮可為何要進小隔間換衣服，而是不和其他人在開放空間一起換，她還沒來得及回答，那名女孩就因為別人分心，沒等妮可回答就離開了。

八年級的情況也沒比七年級好。雙胞胎擁有彼此，除此之外一無所有。喬拿斯愛看電視，妮可愛玩電動。有時候妮可會把通往閣樓的房門關上，然後蜷縮在階梯最低的那階看書，她最愛的書是《露納》（*Luna*）和《幾乎完美》（*Almost Perfect*），是爸爸送給她的兩本青少年小說，主題都是跨性別。

妮可在阿薩．亞當斯小學的最後兩年因為出櫃而過得很慘，在國王中學的頭兩年卻因為沒出櫃而過得很慘。這一切都令她困惑、沮喪，彷彿永遠都無法找到平衡點。她和喬拿斯與大家都很疏離，又主動隱藏了大部分的人生，這樣要怎麼跟可能成為朋友的人來往？對他們而言，友誼不存在於現實，彷彿只是可望而不可及的夢想。每當妮可正要跟某人建立良好關係時，她都會問媽媽，「不能告訴任何人嗎？」答案卻總是「不行」。有一次妮可實在受不了，質問為什麼不能至少告訴一個人，畢竟那可是她的人生，凱莉卻清楚地告訴她。

「這不只跟你有關，還會影響到全家，妮可，如果你跟別人說了，一切只會走下坡，最後又得搬家。」

在ACOG事件後，妮可只有一次差點露出馬腳，那次她少見地邀請了朋友放學後到家裡玩，在通往臥房的樓梯間，妮可在牆上貼滿畫作和照片。其中一張照片是《綠野仙蹤》的劇照，上面有一個飾演萌奇人（Munchkin）的演員簽名。那是雙胞胎的一個叔叔安迪之前替妮可索取來的，上面署名「送給懷特」。

「誰是懷特？」妮可的同學經過那張照片時開口問了妮可。

「噢，懷特是我叔叔，他自己不要那張照片就送給我了。」

妮可的心緊張地跳得好厲害，等同學離開後，她立刻取下照片藏進抽屜。

詭異的是，因為決定在國王中學把身分隱藏起來，他們反而得提防與跨性別有關的一切。凱莉某天接到妮可老師的電話，表示下週會有「認識霸凌日」，屆時會放映一部包含跨性別議題的影片，妮可或許會在映後討論時感到不舒服，如果需要的話，她可以在那天請病假。妮可確實那麼做了。

即便情況逐漸好轉，可能洩漏祕密的危險仍比不上壓抑的痛苦，到了最後，儘管妮可和喬拿斯有了一小群「精選過」的朋友，但仍在情緒上保持距離。對於妮可而言，她不只是拒人於千里之外，更把自己封閉起來。這樣的壓抑在某個週末更顯困難：她和五位朋友聚在其中一位朋友家，她們一起在後院升了營火，然後還一起看電影。所有人都很放鬆，話題也愈來愈私密。這些人都很了解妮可，但又不是真正了解。她知道自己應該可以信任這些人，但她已經答應媽媽——甚至整個家庭——什麼都不能說，而她不能違背誓言。

二〇一〇年二月，韋恩已經到了臨界點，他們每個月還得為那棟只有一個人住的房子付一千五百美元的貸款，至此他們已經吸收了兩萬八千美金的損失，而波特蘭這邊還得支付每月一千兩百美元的租金。兩間房子都有各自的水電費用，孩子的書本和衣服也需要錢，另外還有韋恩每週末得開車或坐公車橫越數百英里的交通費用。根據他估計，在波特蘭居住的前七年，梅因斯家至少多了十萬五千美元的額外開銷。除此之外，他和凱莉還欠之前委託的律師三萬三千八百美元。他們放棄那名律師是因為他無法駕馭這個案子，正值青春期的兒子還對妮可態度不屑。那名男孩曾在校外指著妮可對朋友說，「我爸就是那個小孩的客戶。」語調顯示他感覺噁心。凱莉那天晚上打電話向律師抱怨，他竟然還因此發怒。

「不然你指望我怎麼做？」

凱莉快要被各種擔憂情緒壓垮了，體重也不停下降，但她決心不讓妮可和喬拿斯看見她的焦慮。她很少哭，但一天晚上，她在看實境節目《警察》（*Cops*）時哭了出來，那集的主角是一個男跨女的孩子，跟妮可一樣，但她被家長趕出家門，住在街上以賣淫維生。在那集節目中，雖然主角沒有逃跑，但警察還是不讓她好過。凱莉從未想過與妮可斷絕關係，雖然韋恩在理解女兒的過程中遭遇許多困難，她確信他也從未考慮過。凱莉甚至曾告訴她的母親與朋友——以及任何願意理解她的人——妮可永遠擁有凱莉，她就是妮可的家。妮可絕不會被家人丟棄。只要凱莉還有能力，就不會讓妮可被警察或任何人那樣騷擾。如果妮可無法在外面的世界生存，那就永遠跟她住在一起。就這麼簡單。

二〇一〇年三月，梅因斯家終於接到了一點好消息。凱莉和韋恩得知以波士頓為根據地的GLAD願意代表他們進行法律訴訟，一同參與的還有在緬因州執業的個人律師喬帝．諾夫辛格（Jodi Nofsinger）。更令人鬆一口氣的是：GLAD律師只有勝訴才會收費。

31 青春期開始

妮可十一歲了，她想要胸部，畢竟任何人都能留長髮、化妝並穿女性衣服，但要是有胸部，就絕不會有人搞錯她的身分。但在開始服用雌激素之前，史貝克醫生必須確保她不會進入男性青春期。他保證只要一有跡象就會開始讓她服用抑制青春期的藥物。

二〇〇八年九月，史貝克醫生在妮可看診後告訴凱莉和韋恩，他會開始密切監控妮可的性腺荷爾蒙，只要指數一升高，他們就得立刻行動，畢竟進入男性青春期恐怕會讓妮可驚恐不已。二〇〇九年一月初，他的筆記顯示妮可身高還沒有突然拉長，沒有出現體味，也還沒長出胸毛，但兩個月後，她的荷爾蒙濃度突然升高，也能看到長出一些粗糙的恥毛，甚至偶爾還會出現她一點也不想要的勃起現象。顯然她已經走到了青春期邊緣，而史貝克不想錯過這個機會，青春期抑制藥物柳菩林（Lupron）有時需要花上三、四個月才能產生效果，所以醫生做出了決定：妮可立刻開始每月注射。她興奮極了。

妮可下一次到性別門診進行定期會談時，心理醫師羅拉・愛德華茲—里坡問她對於還擁有陰莖有什麼感覺。

「我想切掉，」才一說完，她就知道這個說法太戲劇化了，「不是認真的啦。」

「你真的會這樣想嗎？」治療師追問。

「我盡量不去在意，畢竟我現在什麼都不能做。我的年紀還不夠大。」

因為朋友胸部都開始發育，平胸的妮可在各方面看來更像個孩子，她求爸媽給她胸罩和一對假乳，韋恩把決定權交給凱莉，而凱莉終究答應了。但你要去哪裡為青春期的跨性別女孩找一對假乳呢？凱莉完全沒頭緒。她先到塔吉特超市買了A罩杯的胸罩，然後到當地的裁縫店買了膠墊放在內裡，好讓胸部看起來真的有東西。當然，妮可那裡並沒有任何「東西」，所以凱莉在內襯縫了小口袋，好讓膠墊可以待在正確的地方。這種「改良手法」效果並不好，導致妮可的第一對胸部實在不怎麼令人驚豔。凱莉後來又上網搜尋，才知道有為乳房被切除的婦女設計的矽膠假乳及內附襯袋的胸罩，於是幫妮可網購了第一對尺寸最小的「襯胸」。妮可覺得太完美了，因為它們摸起來手感很飽滿、真實，甚至還有乳頭。她立刻把原本令人有點尷尬的膠墊胸罩丟掉，改把這對眼淚形狀的矽膠胸部塞進新胸罩內。那經驗令她煥然一新，在學校行走更有自信，甚至可以拿它們跟以前在奧羅諾的朋友開玩笑——有一次在大賣場，妮可還拿矽膠胸部丟正在更衣間試穿衣服的朋友。

凱莉每天都會送雙胞胎上床睡覺。在妮可收到襯胸的前幾個禮拜，凱莉發現她睡覺時的睡衣底下都還穿戴胸罩和假乳。凱莉不禁笑了出來，然後回想起妮可總是為自己的身體感到不好意思，有一次她在妮可淋浴時打開廁所，發現她沒開燈，就因為不想看到自己的身體。

另一天晚上，妮可覺得有點寂寞、低落，所以晃進了父母房間，問可不可以一起睡。凱莉正在看《今夜秀》（*The Tonight Show*），韋恩已經快睡著了，但還是從眼角看見妮可小心翼翼繞過他的那一側，就怕吵醒他，然後就在滑進被子之前，她小心地把新胸部放在床邊的小桌上。

搬到波特蘭大約一年之後，凱莉成為市警長的行政助理，並很快發現這裡對待跨性別罪犯的政策是全國最好的幾個地方之一。所有人員都受過訓練，知道要把跨性別女罪犯與其他女性而非男性關在一起。這裡沒有騷擾的問題，也沒人會口出貶抑，反而就是簡單甚至莊嚴地接受了他們，而且是從警長帶頭以身作則。

然而家裡的生活卻一點也不簡單。在某個週末下午，凱莉和韋恩正在處理家務，孩子們各自做著自己的事，外面卻突然傳來撞擊巨響，所有人都跑了起來。凱莉記得自己剛剛才看到妮可走上閣樓房間，這讓女兒可能從臥房窗戶墜落到地上的畫面變得異常真實。喬拿斯和韋恩立刻跑到房外，凱莉抓起電話試圖撥打九一一，但因為沒戴隱形眼鏡，閱讀眼鏡也不在手邊，所以她其實只是盲目地亂按。就在此時，妮可從地下室剛打完電動走上來。

「哈囉，各位，發生什麼事啦？」她輕鬆地問。

「噢，我的老天！」凱莉大叫。

她把妮可用力抓進懷裡，此時韋恩和喬拿斯也困惑地從屋外晃了回來。

「我以為你死了！」凱莉說。

「你沒事！感謝老天！」韋恩說。

他和喬拿斯毫不猶豫地參與了凱莉與妮可的家族擁抱，然後大家都因為放鬆而笑了出來。那聲巨響其實是隔壁搬家具的聲音，但從他們的反應就能看出梅因斯家平日的壓力有多大，尤其是凱莉。他們經歷了這麼多，但威脅似乎仍盤旋在只距離他們幾分鐘或幾英呎處，梅因斯家幾乎全處在創傷症候群的狀態，永遠覺得最糟的事還沒發生，而且永遠在想：「接下來又要面對什麼？」

等到奧羅諾的房子終於賣掉之後，韋恩搬進便宜的研究生租屋，凱莉和升上八年級的孩子也終於搬進距離舊房幾個街區的新房，那一區比較體面，多為獨棟家庭房和整齊漂亮的路樹。後院不大，一輛通勤火車一天會經過籬笆前幾次，但空間比較大，還有一個小天井，半夜也不會有警笛呼嘯而過了。

到了春天時，妮可和史貝克醫生在波士頓診所約了門診，他表示可能不會等到原本預定的十六歲就會開始雌激素治療，妮可興奮地幾乎要親吻他。一開始妮可覺得這個醫生有點嚇人，但他總是散發出令人安穩的力量，幫助她放鬆，其實才剛開始看診沒幾次，妮可就已經把史貝克醫生當成家人。所以只要是他說可以讓她變成女生的措施，她都會接受。史貝克立刻替妮可展開了雌激素治療，當時她十三歲，同時也得持續服用男性荷爾蒙抑制藥物直到性別重建手術完成。一切都在往正確的方向進行，史貝克醫生向梅因斯家保證，一切都正如他所預期。

看診過後，梅因斯一家到波士頓一間飲茶餐廳午餐，接著搭電梯直到位於八樓的GLAD波士頓辦公室。好幾位GLAD員工上前迎接他們，包括他們的首席律師珍妮佛．拉維（Jennifer Levi），她同時也是GLAD跨性別權利專案的主席。在GLAD擔任了二十年律師的她在跨性別領域是國際知名的專家。這是梅因斯家第一次與他們的法律團隊見面，他們非常熱切地表示對此案有信心，但時間方面可能要花上兩年才會完全結束。

那天晚上，GLAD委員會替梅因斯家舉辦了歡迎晚會，妮可席捲全場，顯然是這場晚會中的主角。晚會結束後，深受感動的韋恩寫了一封長長的道謝函，他必須向這些人解釋自己為何如此心懷感激。

過去我們總是公開和願意聆聽的人討論跨性別孩童所面臨的困境與好處，也試圖回答所有相關老師與教職員的問題，努力和他們合作，希望可以為妮可提供正向的學習環境……然而，後續產生的問題擾亂了我們每天的生活，也逼迫我們必須退到幕後為妮可發聲。

梅因斯家清楚意識到，這起案件對這些勤懇工作的人非常重要，也明白這場訴訟不只和妮可和她的家人有關。那不再只是屬於他們的故事。這場訴訟雖然目前還只屬於緬因州，但對許多其他人而言深具意義。而現在，韋恩、凱莉、妮可和喬拿斯背負著他人的期待，希望能在法庭上贏得勝利。

32 天生如此

凱莉擔心雙胞胎暑假會沒事做，所以安排妮可及喬拿斯到奧羅諾找父親玩，但她也為妮可安排了驚喜。她從史貝克醫生辦公室的人那裡聽說，在康乃狄克州有一場跨性別夏令營，當時這類夏令營還非常少見。凱莉為妮可報名了八月底為期一週的營隊。

亞拉紐提克營隊（Camp Aranu'tiq，這個名字取自阿拉斯加楚家奇山的原住民，意思是「兩個靈魂」或「半男、半女」）隸屬「哈伯營隊」（Harbor Camps）之下，是二〇〇九年由跨性別男尼克・泰伊（Nick Teich）所成立，他之前就熱愛參加營隊，所以知道社會中的邊緣族群，尤其是孩童與青少年，更需要屬於自己的夏令營。雖然非營利組織哈伯營隊後來在新罕布什爾州購買了一百一十二公頃的野外營地，還有能力翻修並添購設備，但剛開幕的那一年，他們只在康乃狄克州的老萊姆（Old Lyme）的郊區湖邊租了一座小營地。

在失眠一晚後，妮可緊張匆忙地向家人道別，並立刻搭車從奧羅諾前往老萊姆。妮可不知道該期待看見什麼，畢竟她從沒參加在外過夜的營隊，更別說是和其他跨性別孩子一起出遊。那次的參與者總共有四十一人，年齡從八歲到十五歲，脖子上掛的名牌還寫了他們希望被指稱的代名詞。當他們抵達營地，首次走進專門給青年參與者的小木屋時，妮可對內部的印象不是很好：雙層床看起來還可以，但地板很髒，還有蜘蛛網——實在有點寒酸呀，她想。營地內提供排球場、瑜珈教室和泛舟活動，還有營火、搶旗遊戲、才藝表演、還有可以在彼此身上倒藍色亮片的喜劇之夜。時間還沒過四十八小時，亞拉紐提克營隊就像是個遠離家園的新家，妮可熱愛其中所有一切！

營隊中最棒的活動之一是用餐，因為每個人每次用餐都得換位置，所以你總能坐在不同人身邊。某天的午餐時間，當大家吃下墨西哥餡餅和米飯之後，其中一名輔導員帶領小隊唱著他們剛剛才寫的營隊歌曲走進來——「亞拉紐提克，美好的地方，我愛這營隊，因為可以做自己」——其他人立刻以更傳統的營隊歌曲反擊，像是〈雷加班布〉（*Rigabamboo*）、〈麋鹿之歌〉（*The Moose Song*）、〈小紅馬車〉（*Little Red Wagon*），最後結束在女神卡卡的〈天生如此〉（*Born This Way*）。

我有我美的方式
因為上帝不會犯錯

接近營隊尾聲的一個晚上，妮可編導了一場改編自桌遊及電影《線索》（*Clue*）的三幕戲，也和同寢好友一同上台演出。妮可扮演其中的懷特太太，但比起一九八五年電影中那位由麥德琳．康恩（Madeline Kahn）戲劇化詮釋的性感寡婦，妮可選擇演成一個暴躁的老太太，那是她幾年前所發展出來的戲碼。她把角色命名為牧里歐（Muriel），牧里歐脾氣真的很壞，有點厭世，講話帶有長島腔。亞拉紐提克營隊都看得很投入。她的另一個朋友扮演孔雀太太，孔雀太太無禮又可憎，說話超大聲——正是牧里歐討厭的類型。因此，當另一個角色宣布孔雀太太被謀殺了，眾人全都聚集在一起看著她的屍體時，妮可做了段即興演出。

「我知道，真是個奇蹟，她竟然閉嘴了。」

營隊成員和輔導員全都笑瘋了。

一個禮拜很快過去，營隊即將結束的某天，所有成員聚集在餐廳輪流傳遞一顆毛線球，直到每個人都被一條線連結起來。妮可只來這裡一個禮拜，卻立刻和另外兩個跨性別女孩成為好友，她們沒聊什麼身為跨性別的經驗，只是談笑、講八卦，交換喜歡的音樂和電視節目的資訊，最後也交換了手機號碼和電子信箱。大部分的人都把自己的那段毛線綁在手腕上，妮可手腕上的那條六個月之後才斷掉。她之後又參加了兩次，最後一次參加時（之後年齡就太大了），營隊為所有「畢業生」舉行了儀式，並在儀式中送了他們一個禮物：指南針，讓他們永遠能找到回家的方向。

33 改變的時刻

八年級開學過了幾週後，妮可發現一位名人要來波特蘭發言反對軍隊的「不問、不說」（Don't Ask, Don't Tell，DADT）[6]政策。下午五點，包括妮可和韋恩在內的數以千計緬因人擠在鬧區公園，就為了親眼目睹流行音樂教主兼政治運動家女神卡卡，她來此地是為了支持「軍人法律辯護網路」（The Service members Legal Defense Network）所舉辦的活動。

「我的名字是史黛芬妮・喬安那・安潔莉娜・哲蒙諾塔，我是美國公民，」在呼籲緬因立法者對歐巴馬政府施壓反對DADT之前，她這麼開場，另外還提出了一個名為「如果你不喜歡，那就回家」的新法案，目的是把恐同的異性戀士兵移出軍隊，而非排除同志士兵。

這位歌手還唸出了入伍誓詞，那是每一名士兵發誓為國家服務時需要說的話，韋恩在三十

6. 「不問、不說」（Don't Ask, Don't Tell，DADT）是美軍一九九四年至二〇一〇年間對待軍隊內同性戀者的政策。不問，是指美國政府雖不支持同性戀者參軍，但軍隊中的長官不得詢問軍隊成員的性傾向。不說，即為，只要同性戀者不主動公開自己的性取向，長官就不會試圖揭露、驅逐同性戀者。但在此期間，仍有軍隊長官對疑為同性戀者進行未經授權的調查。此政策在二〇一一年廢除，同性戀者可公開服役。

多年前加入空軍時也曾唸過，當時士兵在美國非常不受歡迎。

我，———，莊嚴地起誓（或申明）我會支持並捍衛美國憲法免於所有敵人的侵害，無論來自國外或國內……

韋恩還記得，身為新兵的他在為國家起誓時感覺既害怕又驕傲。他和凱莉從小也教導孩子要尊敬軍隊。

當然，女神卡卡唸這段誓辭是有目的的，她在最後加上了五個字，「但同志除外」。韋恩聽到時一度對軍隊感到憤怒，但主要還是對放任軍隊這麼發展的政治家感到憤怒。長久以來，他們竟然只因性傾向就把這麼多高貴的男性或女性從軍隊中除役。他們必須不停隱藏自我、暗中行動、說謊並且承受著羞恥感——這是對人道精神的侵犯。梅因斯家確實比大部分人了解這種感受，韋恩真心希望他們能夠盡快挺身展現自己，但在正確時機到來之前，他們只能繼續過著偽裝的生活。

韋恩和凱莉總是擔心妮可或喬拿斯會說溜嘴，或者奧羅諾那邊會有流言傳到此地，但什麼都沒發生。其實在波特蘭的頭兩年，除了教職員之外只有少數人知道這項資訊，但也都為梅因斯家保守祕密。不過二〇一一年四月突然發生了一件事，當時雙胞胎快唸完八年級，梅因斯家不禁開始擔心是否有辦法繼續隱瞞下去。

韋恩和凱莉得知梅因州正在考慮通過一個新法案LD1046：緬因州人權法有關公共設施之修正條款。如果通過的話，新法將允許所有商店老闆決定誰可以使用他們的廁所，更重要的是，此後如果有人因為性別認同被擋在廁所門外，就無法根據緬因州人權法提出歧視訴訟。

凱莉、韋恩、喬拿斯和妮可對此修法行動感到不可思議。他們放棄了原本的家、朋友和工作，幾乎花光存款並過著祕密生活，就是因為妮可想使用符合性別認同的廁所卻被騷擾，而現在緬因州甚至打算以人權倒退的措施把歧視合法化。韋恩為此備感煎熬，一直以來都是凱莉獨自在為妮可奮戰，她一定非常孤單，而在被迫與家人分開居住之後，他終於比較能理解了——雖然是以不同的方式。過去兩年來，他們外表看來就是個普通的美國家庭，但內裡根本不是。情況必須有所改變。他也跟之前不一樣了。韋恩非常清楚該怎麼做。

34 我們不能輸

緬因州第一百二十四任議員組成的議會司法委員會（House Judiciary Committee）之前，一名中年男子戴著閱讀眼鏡沉默地站在麥克風前，接著他清了清喉嚨，開口：

我的名字是韋恩．梅因斯，住在老鎮，我有一個十三歲的跨性別女兒。一開始我不願接受現實，就像你們當中的許多人一樣，我懷疑跨性別孩童的存在、我懷疑我妻子、我懷疑我的輔導員和醫生，然而我從未懷疑我對孩子的愛。透過觀察她的痛苦與困境，同時檢視我在相關知識方面的匱乏，我才開始質疑我的行為和保守價值觀……

當我女兒在學校失去了她的權利，而且開始有學生和老師把她視為眼中釘，我知道我得做出改變，不可以再走回頭路……當她被告知不能再使用想用的廁所時，她的自信與自尊心都受到了嚴重打擊，在那之前，我女兒常說，「爹地，做一個跨性別不是什麼大不了的事，我的朋友和我處理得很好。」我為她感到無比驕傲。但要是成年人帶著毫無根據的恐懼介入，她的世界可能被完全毀滅……這個法案等於是告訴我女兒，她和同學無法擁有一樣的權利，也更會讓她相信自己毫無未來。請幫助我給她一個夠好的未來。不要通過這項法案。

韋恩一邊顫抖，一邊用手抹去臉上的眼淚。那是二〇一一年四月十二日，禮拜二，他感覺終於走出了自己的櫃子。他公開、誠懇地談論自己的跨性別女兒，還談了自己和整個家庭。現在真的沒有回頭路了。

坎恩・弗雷德特（Ken Fredette）是保守派議員，也是負責監督這項法案的州代表，背後有共和黨州長保羅・路帕吉（Paul LePage）支持。緬因民權自由聯盟（The Maine Civil Liberties Union）和另外幾個組織都公開反對這項法案，而委員會現在開放公眾發言，許多人都前來表達意見。在韋恩發言之前，在它們對抗奧羅諾學校系統的訴訟律師團之一的珍妮佛・拉維（Jennifer Levi）也上前發言：

如果想以無差別的一致標準執行LD1046，唯一能選擇的方式就是身體檢查，這牽涉到非常嚴重的隱私和醫療機密問題，此外更可能產生訴訟風險。更別提一個人的生理解剖結構是個人隱私資訊，沒有人希望公共設施能夠有權執行這種隱私揭露的檢查。

拉維列出各種理由，解釋跨性別人士為何應被允許使用符合性別認同的廁所，無論就邏輯、實務或法律層面，以生理性別執法完全行不通。她還談了所有妮可、凱莉、韋恩和喬拿斯奮戰、提告、被騷擾的經驗，還有他們的生活如何突然陷入危機，而且這不只是妮可個人的經驗，這是所有緬因州跨性別人士的經驗。韋恩在上台之前並不知道該怎麼做，甚至不確定自己做得到，但現在他知道了，這是他一直以來都該做的事。多年來凱莉獨力默默扛住這個家庭，保護妮可並提供她所有需求，現在輪到韋恩為她站出來了。他感覺興奮異常，彷彿終於卸下了身上的窒人重擔，現在只得盡全力讓自己站定而不至於飄飄然。所有韋恩在成長過程中學到的價值——為弱勢奮鬥、幫助被迫害者——他本以為是要為朋友、鄰居或有需要的人挺身而出，從沒想到是為自己的孩子。

然而從沒有人真心相信可以阻止LD1046，韋恩甚至擔心在他發言幾天之後，法案就會通過，所以他在工作時打電話給凱莉，說他一直在思考這些州議員和投票的問題。

「我覺得他們應該見見妮可，」他告訴他的妻子。「我們不能輸。」

韋恩有記錄的習慣，一部分是因為工作培養的，此外，他腦中一直都有很多想法。就某方面而言，比起凱莉，他更常和自己說話，那是他處理事情的方式。當他開始在網路上搜尋資料，震驚地發現有關跨性別孩童父親的資訊非常少，所以他覺得自己可以做一名先行者，填補這個空缺。倒不是他比任何人更了解如何教養一個跨性別孩子，他只是想，自己或許能夠分享曾有的質疑與經驗，好幫助其他困惑的父親。或許他還能因此得到別人的經驗回饋。於是每隔幾個月，他都會為《赫芬頓郵報》（*Huffington Post*）的部落格《同志之聲》（*Gay Voices*）寫文章。一開始他匿名投稿，後來受到其他部落客與讀者的鼓勵，他開始書寫更多的私人經驗，而文章的回應區塊也是促進溝通的管道，像是其中一篇寫了允許妮可穿洋裝的文章，一位讀者就回應了：

> 你或許是對的，但家長的工作不就是為孩子引導人生的方向，而不只是順著他們？抱歉，我絕不可能讓我的兒子在五歲時穿洋裝，因為我不會這麼早就放棄他，但這只是我的想法。無論他之後如何發展，我都接受，但絕不能是因為我在他這麼小的時候就放棄他了。

韋恩和凱莉早就聽過這些說法了。他們花了很多時間才了解，無論他們花多大力氣鼓勵或壓抑妮可的女性化行為，結果都不會改變。真相終會戰勝一切。韋恩永遠記得當有人「親切地」暗示凱莉，妮可之所以是個跨性別者，或許是因為太小就接觸到洋娃娃。

「你是開玩笑的吧？」凱莉問。「所以你的意思是說，我們只靠一個洋娃娃就能把男生變成女生？」

妮可一點也沒有退縮，兩天以來，這名十三歲的女孩跟父親走遍州議會，不是敲門拜訪議員，就是在走廊攔下他們。

「嗨，我的名字是妮可・梅因斯，我真的需要你幫忙阻止這個法案，」她告訴每個遇見的人，少數人一看見他們就避開，大多數人都禮貌聆聽，在一百五十一位州議員中，她和六、七十位談了話。讓妮可困擾的不只是這個法案如此不公義，還有其中的赤裸裸的愚蠢。她問所有遇到的從政人員，「為了阻止跨性別者使用想要的廁所，你們要如何確認每個人的身分？」過去兩年，她在海倫國王中學只是一個普通的青少女，沒有人知道她的過往，沒有人知道她是性別者，所以也從未有人質疑她使用女生廁所的決定。

陪著妮可到州議會的韋恩也提出了自己的訴求，他決定發散一份訊息簡單明瞭的文宣：

今天，我很驕傲地宣布自己是一對同卵雙胞胎的父親，一個是男孩，一個是女孩。

其中還夾了妮可穿著閃亮蓬裙的照片，她頭上繞了圍巾，身上還穿了公主服。

之後，韋恩還描述了妮可如何首次開口說服父母自己是個女孩，他請所有人想像，對一個走路還搖搖晃晃的孩子而言，這件事有多麼艱辛。

我們試著安靜低調的生活，但現在這麼做的風險實在太大……妮可不是唯一會受影響的人，就連四歲的孩子都可能（因為這個法案）受到嚴重的傷害……這些孩子值得更好的生活。他們值得無條件的愛與支持……跨性別孩同值得擁有那些被朋友、家長視為理所當然的基本人權。只要我們盡到責任，其他像妮可一樣的孩子就不需要問，「爹地，我做錯了什麼？」

凱莉為自己的丈夫和女兒感到驕傲，她實在不愛公開演講，也不希望家庭生活突然被攤開在陽光下，但如果可以幫助阻止這項實施在公共設施上的限制，她覺得很值得。

此時喬拿斯和妮可面臨一個好機會，他們有機會於九年級時在一間新學校重新開始。在國王中學隱藏身分的日子讓他們精疲力竭，凱莉和韋恩知道他們無法繼續下去了，他們仍然需要被保護，但也需要一個能夠讓他們自在且毫無保留做自己的環境。波特蘭公立高中凱斯可灣（Casco Bay）似乎是個不錯的選擇。凱莉和校長見了面，發現這間學校基本上非常進步、友善，但因為想入學的人總是太多，所以每年都得抽籤。喬拿斯和妮可都登記抽籤，但只有喬拿斯抽上了。凱莉和韋恩本來以為這對雙胞胎是以一個家庭單位登記抽籤，但聯絡學校詢問為何只收其中一位時，學校說規定就是如此。他們其實沒什麼選擇，波特蘭還有另一間公立學校和一間天主教學校，但那間公立學校名聲沒有凱斯克灣來得好，凱莉跟韋恩也不是特別虔誠的教徒，所以最後的選擇就是私立威因弗利學校（Waynflete）了。這間學校從幼兒園到十二年級總共只有六百名學生，不過妮可和喬拿斯輕易通過了入學測驗，成為二〇一〇到二〇一一學年度的九年級新生。

一九八九年，威因弗利創校，兩位女性創校者以一位英國教育家的名字為其命名，課程是基於美國哲學家約翰．杜威的進步主義教育理念規劃而來，致力追求年輕人在體育、社會、情緒與智能方面均衡發展。根據學校網站，他們的宗旨是「探索學生的想像力與智能，引導他們走向自我管理與自我理解的道路，並鼓勵他們帶著責任感與關懷之心參與這個世界。」

威因弗利學校宗旨所體現的理想也成為了梅因斯家的座右銘。就讀國王中學時，妮可和喬拿斯是以陌生人的身分入學，接下來兩年的狀態也差不多如此，但他們進入威因弗利第一天上課時，卻早就已經在之前的「野趣週」交了一些朋友。野趣週是辦給入學新生的活動，他們會到距離波特蘭北部五十英里的維斯康瑟（Wiscasset），在一座四百英畝的半島上有個名叫「奇旺基」（Chewonki）的環境教育營地，所有的九年級新生會在此划獨木舟、划皮船、玩遊戲或健行好幾英里。

「嗨，你好嗎？」喬拿斯手臂夾著書走在通往營地的小路上時，不只一個人這樣跟他打招呼，其中一個孩子甚至攔下喬拿斯問他在讀什麼？他花了一點時間才習慣這裡的善意。就讀國王中學時，除非是要嘲笑你，不然不會有人特地跑來跟他說話，喬拿斯幾乎快忘記怎麼跟人社交了。他的五、六年級生活充滿騷擾，七、八年級又不能因為告訴朋友搬到波特蘭的真正原因而抑鬱。保密實在過於累人，梅因斯全家都心力交瘁，有時喬拿斯難受得根本不想起床。但一切苦難似乎結束了。生活終於不再是一場硬仗。

妮可再也不需要擔心祕密曝光了。她現在身處一間思想進步的小型學校，卻不知道該如何與人分享。她都忘記該如何談論自己了。以前的她自然就知道該怎麼做，畢竟她向來情感豐沛又自信，直接說自己是男女孩也沒什麼大不了，但現在的她進入青春期，又花了兩年埋藏自己的身分，一時完全不知道該如何對人敞開心房。妮可好想告訴大家，卻又說不出口，直到所有人返回波特蘭的路上才找到了機會。她和一個女孩在奇旺基的某晚一起唱了女神卡卡的〈羅曼死〉（*Bad Romance*），因為有了交情，兩人決定在回程巴士上坐在一起。妮可心情安穩多了，對於新學校的憂慮逐漸消失。最後終於化解她防衛的是：新朋友表明她是泛性戀。太好了！妮可心想。她微笑、點頭，然後告訴那女孩她是跨性別者。

「酷。」

就這樣。她鬆了口氣，非常開心——所有肯定自己的快樂情緒都回來了。隔週開學時，妮可幾乎每天向一個人出櫃，大家都不太在意，也沒人因此排斥她。只有一個同學問她，既然是跨性別者，代表你打算開始打扮成男生囉？妮可笑到眼淚幾乎流出來。

35 初吻

九年級即將開學之際，在二〇一一的GLAD正義精神獎晚宴上，妮可進行了首次備稿演講，此外也介紹了父親上台。她站在講台後的一張踏腳凳上，身上穿著薰衣草圖案的無袖雪紡洋裝，脖子上搭配了同色系圍巾，雖然有點害羞，但仍自信地對底下數百名聽眾開講。

我的名字是妮可．梅因斯，今年十四歲。我想向你們介紹我美妙的家庭。我的雙胞胎哥哥名叫喬拿斯，他是個善良、有趣的人，也是我最有力的支持者之一。我媽無論面對什麼都認真鼓勵我。我爸曾和我一起到緬因州議會為我進行政治遊說，也為我發表了演講。而我們連高中都還沒唸完呢，各位。

聽眾輕笑出聲。妮可有點害臊地笑了。

我是一名跨性別女孩，出生時是男孩，但始終清楚自己是女孩。我在五年級時改了名字，開始穿洋裝上學，雖然有點害怕朋友會怎麼說，但他們只說：也該是時候了。

那是感人的一刻。尤其出席嘉賓還包括了麻州州長德瓦爾・派翠克、他的妻子和兩個女兒，代表韋恩和妮可最近的行動已經受到重視。梅因斯家很感謝這樣的認可，但也知道現在離目標還很遠，而且無論結果如何，他們都會在公眾心中留下一筆，但對結果實在沒有百分之百的把握。妮可喜歡受到大眾關注，但也抱怨幾乎因此毫無隱私，害她無法自在約會。畢竟她現在要怎麼知道：眼前的男孩究竟只知道她是妮可，還是那個新聞裡的跨性別青少女？她真的好想談戀愛，但要怎麼告訴一個男孩她是女孩，但又和其他女孩不太一樣？尤其九年級唸了一半之後，這項挑戰更是變得真實而艱鉅。

警長辦公室會定期舉辦面對校園槍擊案的執法演習，為了儘可能逼真，警方搭配「行兇槍手計畫」找了學生來扮演受害者，這是一個演戲的機會，妮可立刻自願參與。她比較想演傷者，因為至少還能尖叫或者哭一下，但既然被分配了角色，她決心演好史上最棒的屍體。

演習學校現場也有幾個學生自願當受害者，其中一個男孩和妮可躺在一起當死屍，因為時間太長，兩人在過程中忍不住用氣音聊個不停。他很可愛呀，妮可心想。他的眼神很多情，有一頭深棕色頭髮，神情很專注。兩人的手還不小心碰觸到。訓練結束後，他們幫忙撿起用過的彈匣（當然是空彈匣），男孩靠過來並快速親了妮可一下。她驚訝、尷尬，但也很開心，而且不只臉紅，簡直是從頭紅到腳。實在太刺激了。

之後在義工接待處，他特地跑來找妮可，她知道他還不清楚自己是跨性別者，想到他發現後的樣子讓她驚慌不已，只想逃回家。在等家人來接時，他們和其他學生一起站在外面聊天，凱莉開車接近時注意到妮可非常雀躍地和一名年輕男孩在講話。一位凱莉很熟的副警長靠過來，說他看到妮可和男孩有了短促的一吻。

「他們好可愛！」他說。

凱莉眉頭皺了起來。她知道妮可超想要男朋友，但在性別重建手術完成之前，談戀愛是件很複雜的事——尤其對象是妮可才剛認識的人。他只看到她身為女孩的漂亮外表。

「怎麼了嗎？」副警長問凱莉。

「她是跨性別者。」

「噢，對，也是。」

就在此時，凱莉看到遠處的妮可還在跟那個表現親暱的男孩講話，然後妮可抬頭看見了凱莉，臉色一沉。兩人都知道對方心裡在想什麼。這男孩完全不認識妮可，甚至不知道跨性別者代表什麼意思。這段短暫的戀情注定沒有結果。

妮可上車，整個人頹喪地坐在前座。

凱莉知道現在不適合開口問她什麼。兩人在回家路上一片沉默。不過最後，她還是敲了妮可房間的門，說她想談談。

「你怎麼了？」

「剛剛那裡有個男孩，我覺得他真的很喜歡我。」

她開始哭。

「我該怎麼做？」

「親愛的，妳什麼都不能做，」凱莉說，「現在的妳沒辦法跟他結婚。但妳確實得到了初吻！」

進入青春期前，妮可最想要的是被當作一個女孩，當時只要這樣就足夠了，但進入青春期之後，她最害怕的不是被別人發現她是跨性別者，而是有人會因為她的狀態而不愛她。真的會有男孩知道她是跨性別者後還愛她嗎？她看起來像女孩，覺得自己是女孩，也渴望有人把她真正當成女孩親吻，但一旦有對象知道她還不是百分之百的女性，他到底會怎麼說呢？

幾天之後，參與演習的那個男孩試著透過臉書聯絡她，但她還沒準備好跟他分享自己最深層的祕密。於是，在妮可的同意下，韋恩封鎖了他。

36 小小的勝利

LD1046法案要求移除緬因人權法案中對跨性別者的保護，妮可針對此遊說反對之後兩週，在州參議會及議會，數十位共和黨員加入民主黨陣線，共同投票反對並擋下了這項法案。這對緬因州和梅因斯家族都是很大的勝利，因此，當隔天緬因議會中又提案訴求加強緬因州的反霸凌法時，感覺更是意外驚喜。當時州內大多學校遇見霸凌事件時，都必須依靠個別學生主動尋求政策幫助，但新法希望將此政策立為全州通用的標準。此後不到一年，緬因州的保守派州長保羅．路帕吉在兩黨共同的壓倒性支持下簽署了這份法案。要是傑考布在祖父堅持下持續騷擾妮可時，這項法案即已上路，或許阿薩．亞當斯小學的反應會完全不同。

因為對公共廁所的限制法案並未成功，政府又對霸凌採取了較嚴格的管制標準，梅因斯一家感覺自己的努力總算稍受肯定。他們為此放棄隱私，投書地方媒體，還上了緬因公共電台接受訪問，而LD1046現在總算被駁回了。一個跨性別部落格如此宣布這場勝利：「妮可和緬因跨性族群贏下了一回合。」

在國王中學隱藏身分就讀的兩年對妮可造成很大的傷害。她避開許多社交活動，其中之一就是到朋友家過夜，打從十一歲起，她就未到別人家過夜，當然也沒邀過別人到家裡來。從妮可七歲開始，穿著睡衣或睡袍跟女孩子們過夜的活動總是讓她焦慮不已。

還是懷特的時候，他的女生朋友們會邀請他參與各式校內與校外活動，但凱莉和韋恩知道這些孩子的家長不見得能接受。因此，每當有過夜活動時，他們都會小心探問主辦友人的家長背景，比如他們的政治立場、宗教和價值觀為何？觀念有多開放？通常只要凱莉向他們解釋情況——懷特認為自己是女孩，他認為身上的男性性徵不屬於自己，而且不想讓任何其他人看見——大部分家長都沒有意見。

在成長過程中，過夜或許看來只是個小活動——大家玩遊戲、看電影、吃棉花糖點心，通常不太花時間睡覺——但凱莉和韋恩逐漸意識到，參與這項活動能讓孩子有歸屬感。隱身入學迫使他們放棄過夜活動，因為風險太大，但這項匱乏更強化了妮可活在謊言中的孤獨。畢竟她不只在家或自我隔絕時才是個女孩，她就是女孩，在外跟他人相處時，她也無時無刻都是個女孩。

所以，妮可在十二月邀請了一群女孩到家裡過夜，這項決定可說是個非常重要的里程碑。凱莉和韋恩因為女孩們的喧鬧睡得不好，但完全不在意，因為那是快樂的喧鬧聲，就算害他們得疲倦又清醒地躺在床上，兩人的心情仍然非常愉悅。第二天，當家長們前來把孩子接回去時，梅因斯家不停感謝他們讓妮可的過夜活動如此成功。

幾個月之後，《波士頓環球報》（*The Boston Globe*）的一位記者聯絡上梅因斯家，她想將他們所經歷的一切寫成專題報導，並刊載於《波士頓環球報》週日報頭版。這代表梅因斯家的名氣會更大，但他們都同意現在是把故事告訴大家的好時機。凱莉還記得剛開始自己完全沒有足以搞懂孩子的資源，那些年來只能摸索著前進，盡力尋找可能的援手與幫助。她知道大眾需要搞懂的事情還很多，而這次的報導是個好機會，能幫助讀者了解擁有跨性別孩子對他們所代表的意義。

二〇一一年聖誕節前夕，文章刊出，就在頭版上半側，還搭配了一張妮可和喬拿斯肩並肩坐在一起的大幅照片，標題寫著：「讓孩子的直覺引路」（Led by the Child Who Simply Knew）。

這是美國主流報紙前所未有的創舉，潮水般的電話與電子郵件立刻湧向了《環球報》，其中大部分讀者都受到故事細節的感動。接著媒體邀訪也如海嘯般席捲了梅因斯家。凱莉不希望他們家成為眾人觀賞的馬戲團動物。她告訴自己，她需要為孩子爭取更多時間，好讓他們能像一般青少年細細體驗生命——包括那些普通的義務、期待、夢想和煩惱。在世界把孩子帶離她身邊之前，她希望把他們盡可能親近地留在身邊，也幫助他們盡情享受童年。要是能在把他們留在身邊久一點就好了。

37 某人的哥哥

妮可似乎終於在這世上找到了立足點，喬拿斯卻顯得茫然，雖然不至於一敗塗地，但顯然走得跌跌撞撞。他離開爵士樂隊，改打曲棍球，但大多時候只是板凳球員。他的自然科能力很強，但也喜歡寫詩與歌詞。他不太確定自己為何總是憤怒又沮喪，只知道自己愈來愈無法控制情緒。凱莉帶他去看了一個夏天的諮商師，之後他確實感覺好了些，但隨著第二學年開始，憂鬱與焦慮再次癱瘓了他的生活。

身為喬拿斯是件困難的事。身為妮可的哥哥是件困難的事——他永遠是另一個孩子、另一個雙胞胎，甚至是缺乏不平凡歷練的那個人。《波士頓環球報》讓妮可小有名氣，那篇報導也裱框掛在韋恩的辦公室。妮可甚至還接到了十幾封來自政府官員的信，包括緬因州參議員奧林匹亞．史諾，在信件中，她恭喜妮可的努力不但幫助教育了大眾，還促進了跨性別者的權利。有時到了放學時間，還會有攝影團隊或記者守候在梅因斯家門外。倒不是喬拿斯忌妒自己的妹妹，他非常以她為傲，但許多時候，喬拿斯覺得他連在自己人生中都只是個跑龍套的角色。他沒有自己的故事，沒有屬於自己的聲音。他的人生完全以妮可為中心。

另外也開始有人邀請韋恩和凱莉進行演講。凱莉始終對此沒興趣，韋恩卻喜歡這個「發言人」的角色，或許也是為了彌補之前對於擁有跨性別女兒所產生的羞恥、尷尬與困惑。有一次，喬拿斯目睹了父親的演講現場，看到他在談到妮可時情緒激昂，突然覺得自己像個隱形人。他的人生一點也不特別，連一項特殊才藝或成就都沒有，有時候他心想，自己最重要的角色大概就是「某人的哥哥」。情況最糟時，他的思緒會失控地一路往谷底墜落，腦中無法克制地想：就算我走了，世界也會如常運轉，彷彿我從未存在一樣吧。

有時喬拿斯會在音樂中尋求慰藉，像是冰島樂團「獸人」（Of Monsters and Men）的作品〈閒聊〉（*Little Talks*），歌詞談的是一個發瘋女孩和一個從小認識她並試圖照顧她的男孩。

你的腦袋正在玩弄你，親愛的……

雖然一切仍未有定論……

另外有些時候，喬拿斯努力想將自己的絕望轉化為詩作：

一陣夜間薄霧籠罩小鎮，

棲居於那棵老楓樹……

隔著原野，它們看來毫不特別，

但絕對無從複製……

對喬拿斯而言，無論和韋恩或凱莉討論這件事都不容易，但他仍比較願意跟母親分享。不過他和凱莉都比較內向，不像妮可和韋恩那樣健談。凱莉不需要、也不想要站在聚光燈下，而喬拿斯也和凱莉一樣，始終堅定不移地守著一個不太對勁的位子：他挺自己的妹妹，他想要——甚至需要——成為她生命中的一部分，但也不想永遠被視為「這個跨性別妹妹的雙胞胎哥哥」。

當然有些時候，「妮可哥哥」的這個身分也能讓他感覺良好。二〇一二年六月，韋恩、雙胞胎與數十位性別運動者一同開心參與了歐巴馬在白宮舉辦的「LGBT驕傲月」。一開始受邀的只有韋恩和妮可，韋恩試著再要兩張票，最後只拿到一張，而凱莉不可能讓喬拿斯錯過這麼特別的機會。因此，雖然他們全家都到華盛頓特區玩了一輪，凱莉也和家人一起造訪國會大廈，針對跨性別議題見了教育部與司法部的官員，但當白宮活動舉行時，只有凱莉一個人留在旅館等他們回來。

對於雙胞胎而言，白宮這場活動實在太令人興奮了。他們與父親及其他運動前輩一起站在白宮東廳，聆聽歐巴馬總統的致詞：

目睹了數十年冷漠的無所作為之後，你們完全有理由與權利去大聲地、強力地追求平權……我們還有很長的路要走，但現在我們已前行至此。目標必達成，因為有你們；目標必達成，因為所有平凡美國人每天展現出卓越的勇氣；目標必達成，因為有無數男女、運動者及其同盟藉由道德論述不停鞭策著我們，但更重要的是，他們的作為即為楷模。

因為被邀請到美國最神聖的場所，又親眼目睹了總統，他們三人都受寵若驚。韋恩希望凱莉也能共襄盛舉，但他已經知道她有多麼以兩個孩子為傲——他和凱莉都是。其中對整場活動最感敬畏的就是妮可了。她以青少女的身分來到了白宮，被當作一位名人對待，只因為她是一名跨性別者。她確實為了公廁限制法案認真進了遊說工作，但也清楚有其他人比她更努力。但無論如何，被邀請到白宮永遠會成為她個人史的一頁，也會成為國家史的一頁。她覺得自己是代表了所有在倡言尋求權利的跨性別孩子站在這裡。

準備要離開時，妮可被白宮人員留下來拍照，喬拿斯立刻說，「爸，我該去陪她嗎？」他總是本能地想照顧妹妹。韋恩與凱莉對這名獨子要求很多，有時卻忘了他身為妮可哥哥所做出的眾多犧牲。此時韋恩擁抱他，告訴他，這些年喬拿斯總在照顧妮可、為她擔心，甚至代替韋恩挺身而出，他真心以這個兒子為傲。

38 小挫敗

二〇一二年九月的一個下雨天，班奈特．克連（Bennett Klein）提早半小時抵達了班戈的潘諾布斯柯特司法中心（Penobscot Judicial Center）。高等法院法官威廉姆．安德森（William Anderson）要到九點才會聽取「無名氏對上克蘭奇」一案的口頭陳述，但GLAD的克連和珍妮佛．拉維想先複習一下之前準備的筆記。等包括梅因斯家的幾名聽眾入座小小的法庭後，法官要求雙方律師到內室會談。《班戈日報》詢問能否錄下開庭過程，雖是少見的提議，但在安德森法官確認過後，現場無人反對。

這場官司從一開始就很不尋常。克連和拉維在書寫訴狀時決定做一件沒人做過的事：加入客戶照片。在所有法律文件中，妮可都被稱為「無名女子」，她從未上過證人席，也從未跟原告律師坐在一起，因為梅因斯家訴求的是法律問題，而非個人問題。這場官司是為了回答一個法律問題，其實應該是兩個法律問題：跨性別女孩在緬因州有權使用符合她性別認同的廁所嗎？學校強迫她使用無性別廁所的行動是否為歧視？拉維和克連不確定安德森是否知道「無名女子」是誰，也不確定他是否理解跨性別議題，然而這場官司的成敗完全取決於對此議題的理解程度，因此他們在原告訴狀的一開頭就放了照片——妮可就讀五、六年級時的六張彩色照片。

決定放照片的是拉維，她在多年前剛開始參與跨性別訴訟時發現了一件事。當時有位實習律師陪她上法庭，她是一名準備變性為男性的女性，雖然外表非常男性化，但使用的是女性名字。拉維所代表的那位跨性別女極度女性化，但像現在的妮可一樣坐在聽眾席。當天媒體做了錯誤判斷，以為拉維身邊的實習律師就是本案原告，這讓拉維意識到：外表在跨性別訴訟中能發揮關鍵影響力。人們對於文字的理解取決於腦中聯想的畫面，而對當時的媒體而言，「跨性別」代表坐在拉維身旁那名男性化的女性。

雖然梅因斯一家也會在開庭時坐在現場，但拉維和克連無法確定法官會認出妮可，所以決定把照片放進書面陳述中。為了選出適當照片，GLAD波士頓辦公室的律師花了許多時間討論，甚至連尺寸與排列方式都引發激辯。一開始該先放妮可抱著寵物貓的照片嗎？如果放那張，要放多大？最後他們決定以中等尺寸先放一張直接呈現妮可形象的照片：她穿著牛仔褲和藍色女版上衣，大腿上坐著家中養的灰貓，抬頭看向鏡頭的臉露出輕淺微笑，頭髮則披散在肩膀上。那就是張平凡九歲女孩的生活照，但妮可本人並不平凡，而克連和拉維在訴狀一開始就簡潔明瞭地指出了這點。下一張照片則是就讀六年級的妮可站在戶外，身上穿著粉色上衣和格子裙，底下寫了兩個句子：

無名女子是個女孩。她也是名跨性別者。

雖然只是短短兩個句子，卻是整起案件的核心。

安德森法官是個光頭中年男子，跟大部分法官一樣，你很難看出他可能偏向哪一邊。克連代表原告發表陳述，花了規定時間的十五分鐘；這是他在班戈參與的第二場訴訟。十四年前，他曾在「布雷登對上亞伯特」一案擔任資深律師，當時他代表一位因HIV帶原而被一名牙醫公然拒絕治療的女性。克連把這個案子一路帶到最高法院，最後在一九九八年獲得勝利，也確立了在《美國障礙者法案》（*Americans with Disabilities Act*，*ADA*）保護下，HIV帶原或患有AIDS的患者有免於歧視的權利。

在克連針對「無名氏對上克蘭奇」一案進行陳述時，安德森法官時不時會以提問中斷，但做法合宜，讓人難以判斷他的想法。整個流程不到兩小時就已完結休庭。沒人知道法官何時會有決定，或打算何時宣布，畢竟變因很多，其中包括案件的複雜度及法官的忙碌程度。一般而言，等待時間為六個月，克連與拉維所預期的時間大約也是如此。這個判決很重要，但他們知道不會是最終結果，總之輸的那方一定會上訴至最高法院，並在那裡得到最終判決。

當天早上，拉維在《班戈日報》頭版注意到一張熟悉的面孔：鮑勃．路西，也就是妮可被保羅．梅蘭森的孫子騷擾後，禁止她使用女生廁所的那名代理校長。她不確定這算不算是凶兆。路西之所以上了新聞，是因為記者發現他在擔任奧羅諾中學校長期間（時間跨越他在阿薩．亞當斯擔任代理校長的前後），曾允許部分學生在規定的考試時間之外更改答案。奧羅諾學校局發現後撤銷了他的校長職務。他最近才接受班戈學校局助理局長一職，不過班戈當地一聽到爭議風聲後立刻開啟調查，於是在二〇一三年三月，路西也辭去了班戈當地的職務。

梅因斯家和GLAD律師沒等到六個月。安德森法官在聽了雙方陳述後兩個月就做出決定，根據他的判決，奧羅諾學校系統雖禁止妮可使用與與她性別認同相符的廁所，但此舉並未違反緬因人權法案。

「本庭並非對（這位女孩的）苦難視而不見，當然也同情她的家長……」法官在長達二十六頁的意見書中提到這點。

在今日社會，跨性別者的成長環境確實艱困，這是令人難過的真相，而且無法單靠法律預防。法律只能指出大方向，而處理現實案例時需要其他更細緻的手段……我們有緬因人權法案，但只要求學校在蓄意忽視學生之間嚴重且普遍出現的騷擾事件時負責。法案的作用僅止於此。

安德森的結論指出，學校並未主動騷擾妮可，也沒有蓄意忽視她因為傑考布而受到的騷擾。安德森以簡易判決裁定校方勝訴，這是奧羅諾教育委員會及凱力・克蘭奇的勝利，韋恩與凱莉卻因此心碎，但他們更擔心妮可和喬拿斯會先從記者那邊知道敗訴消息。於是韋恩跟老闆說他得提前下班，立刻開了兩個半小時的車到波特蘭。在州際間行車奔馳時，他一直在考慮該如何向孩子宣布這項消息——經過他們五年的努力、犧牲與憂慮，最後有個法官說這間學校什麼都沒做錯，純粹是妮可自己的問題。他想到所有曾幫助過他們的人，尤其是校園諮商師麗莎・爾哈特，她一直是凱莉的摯友兼智庫，而韋恩也還有與她保持聯繫。

妮可和喬拿斯知道壞消息時很失望，但也問了：「下一步該怎麼做？」他們才不打算止步於此，凱莉也保證會繼續戰鬥下去。克連、拉維與其他律師都表示會立刻上訴到州立最高法院，無論輸贏，總之會在那裡有個結果。梅因斯家當然同意了。這條路走了這麼久，他們早已歷經太多起伏，如果再等幾個月有可能扭轉結局，他們當然願意等等看。

二〇一二年四月，韋恩和妮可造訪緬因大學位於濱海小鎮馬柴厄斯（Machias）的校區，當時年度LGBT青年大會正在此處舉行，而此活動每年的高潮就是「彩虹舞會」，許多同志與跨性別孩子都會盛裝出席享受這場喧騰的狂舞之夜，有時甚至打扮成最愛的超級英雄出場。這些孩子晚上在校園宿舍過夜，和監護者就睡在相鄰房間，但韋恩整夜都沒闔眼，對身邊各種身分的孩子感到震驚又讚嘆。他讀大學時也有認識同志朋友，但始終沒有深入來往，而此刻於隔壁房間通宵笑鬧的就有同志男孩、跨性別女孩和跨性別男孩——韋恩根本不確定其中某些人的性別，但也不重要，至少對他們而言毫不重要。韋恩好吃驚。所有人看來都如此特別，但沒人會問「你們是怎麼（或為何）變成這樣？」有些孩子跟妮可一樣跑來借韋恩的筆記型電腦看動畫，其他孩子則在一旁吃披薩。

有很長一段時間，韋恩試圖分析身邊各式各樣的孩子，包括自己的孩子，希望能藉此找出正確詞彙來解釋自己的處境，但在馬柴厄斯的這棟宿舍內，他完全放棄了。對這些孩子而言，無論被稱為同志、跨性別、酷兒還是什麼的都不重要，那他又何必鑽牛角尖？他想起才一年前，他在奧巴尼的跨性別會議上首次進行主題演講，許多與會人士就坐在那裡仔細聆聽他的經驗分享。其中一天晚上，他和兩對跨性別伴侶出外用餐、喝酒，會議快結束時，其中一位曾和他晚餐的女性告訴他，「我得告訴你，韋恩，第一次見到你時，我還說，那個男人是這場會議中最好看的跨男。」

那是個動人的稱讚，韋恩既感動又覺得有點好笑。他這輩子都在為了執行安全訓練學習溝通技巧，但從未真正學進心裡，當然也沒運用在妻子和孩子身上。結果在奧巴尼這場會議中，他才學到如何與人們建立深刻誠懇的關係，而且比他為了工作所受的數千小時訓練還有用。他不需要任何理由就知道這些宿舍裡的孩子會永遠挺他，甚至包括他們所代表的整個LGBT族群。重點在於找到可以信靠的人，韋恩心想，他一開始沒有成為凱莉的依靠，但凱莉一直以此信念陪伴妮可。真是感謝老天。而現在，韋恩知道，自己也得成為那個足以信靠的人。

二〇一三年八月初，韋恩發現妮可在臉書寫了一些文字：

剛剛看了一集《蓋酷家庭》，布萊恩和一名跨性別者上床，發現對方身分後立刻尖叫還吐了一地。我想：果然注定一輩子孤獨。

三名朋友按了這篇讚，其他朋友則留言：

電視上的恐跨性情結實在太駭人了。我才剛開始覺得《王牌威龍》好看，就發現一段非常粗糙的恐跨性場面（跟《蓋酷家族》那個段落很像），真的很氣。

嗯……那個節目想吸引的就是那些低能兒……你的未來一定會更寬廣、美好……有愛的地方才能吸引愛……我一點也不擔心，相信有一天一定能受邀參加你的婚禮。

韋恩覺得心在流血。他知道無法保護孩子不受汙辱與無知的侵害，也不可能替孩子隔絕或阻擋所有輕視的目光、粗糙的發言或閒言閒語，但他必須讓妮可明白自己了解她，所以也回覆了這則發言。

美麗的女兒，我全心愛你。我的人生使命就是保護你不受一切傷害，幫助你長大。我每天都為你感到擔心，但很少擔心你會孤老終生。你始終不孤單，很多人崇拜你，你無比美麗、令人驚訝地聰明、有趣，而且比同齡孩子堅強太多。我知道總有一天會有人把你帶離我身邊，但不是現在，因為我還沒準備好看你長大。

39 想像

家的守護者

我記得那個溫暖的夏日午後
於那座我稱為後院的廣大樹林
它看來巨大，超乎想像的巨大
或許因為我太渺小
我記得數公里的土地被彩繪了光，以及
無止盡的綠與黃

我父親站在殘株與木柴之間
鋸木屑的清脆氣味還留存
他灰色的汗衫滿是木片與油漆

手指關節擦傷，而太陽
擊打他的頸項，留下紅熱的瘀血

——喬拿斯

經歷了一段情緒高低起伏的階段後，凱莉與韋恩對於喬拿斯心靈漸趨成熟的快速步調感到驚訝。確實，之前一整年，他只是躲在自己臥房閱讀、聽音樂、彈吉他，但也逐漸脫下青春期的硬殼。高一學年過後那個夏天，他花了四週修習了一門大學等級的海洋研究課程、贏得一場詩歌比賽，還成為學校接連獲勝的模擬聯合國團隊的一員。喬拿斯成為了一個擁有深刻省思能力之人，他愛慕也尊敬他辛勤工作的父母，但無法想像自己走上這條路。他想為人生尋找更為深刻的意義，結婚生子並每天工作似乎不是他想要的解答。他熱愛宏大的想法與冒險，也渴望旅行。在此之前，他的人生幾乎都隨著妮可時不時出現的苦難而跌宕，直到現在才感受到自己的旅程即將開始。

二〇一四年五月，喬拿斯寫了一篇主角為前幫派成員「鑽石腿」的短篇小說，並在故事中想像他如何面對自己的死亡。其中有一段，鑽石腿與一位名叫「死亡」的角色坐下來談話，這個角色始終無法把眼光從代表蕭條時期的暴徒身上移開。但當鑽石腿問他人生有什麼意義，死亡完全不願好好回答。

現在人們總希望靠別人來解決麻煩、回答問題，太幼稚了……誰會比你自己更理解人生的終極意義？好好想想吧。你所做的每個決定，腦中跑過的所有思緒，全都屬於你。人生的每一刻都只由你自己決定。

生命大多時候無法預測——喬拿斯和妮可、凱莉及韋恩一樣對此非常了解——一切都得靠自己爭取而來。意義必須由自己尋找、掙扎、爭取後才能尋獲，過程中一切都很珍貴。

當南波特蘭紀念中學「公民權利日」計畫邀請韋恩去當主題講者時，他問喬拿斯願不願意以「工作人員」的身分一同前去。打了領帶的喬拿斯外表瀟灑，當他用父親筆電設定演講用的簡報軟體時，無法克制地注意到一群咯咯發笑的女生在一旁流連不去，甚至用手機上網搜尋他的名字。他覺得受寵若驚。韋恩演講了一個半小時後接受學生提問，其中一個女生舉手發言：

「可以問你兒子問題嗎？」她問。

「如果他願意，我沒問題。」韋恩回答。

喬拿斯通常不參與這類活動。他完全支持妮可，但跟凱莉一樣不擅長公開演說。不過這次他禮貌地接受了提問。

「和跨性別妹妹一起長大是什麼感覺？」女孩提問。

喬拿斯想了一下。

「想像一下，」他說，「當身邊的小朋友、老師和大人都在問你妹妹是跨性別者的事，但你只能努力用六年級水平的詞彙解釋。」

韋恩很震驚，喬拿斯對自我處境的感知竟如此敏銳，甚至能夠精準地描述。其實喬拿斯一直擁有這種奇妙的超能力，他不只能理解自己心靈，還能看穿他人的想法與感受。他在這方面無比敏感，或許也是因此決定走上戲劇一途。小時候，他和妮可就常以演戲為消遣。妮可始終熱愛上台演出，希望成為眾人目光焦點，喬拿斯卻總是避開學校的戲劇活動，尤其是六年級以後——當時他被選為《查理的巧克力工廠》的主角，卻在正式演出時忘記該怎麼演，搞砸了一切。那天晚上，備感羞愧的韋恩還跑去向導演道歉。喬拿斯也無法解釋自己為何如此崩潰，或許是仍未準備好承擔責任，或許是無法接受成為目光焦點，但無論如何，他當時決心從此離開劇場。

現在不同了，喬拿斯變得更有自信，不但參與了私立威因弗利學校的喜劇與戲劇兩項演出試鏡，還成功獲得了想要的角色：在亞瑟・米勒（Arthur Miller）劇作《激情年代》（*The Crucible*）中，他飾演黑爾牧師，另外在音樂劇《第二十五屆普特南郡年度拼字大賽》（*The 25 th Annual Putnam County Spelling Bee*）中，他則飾演副校長道格拉斯・潘其（Douglas Panch）。他也曾在湯姆・史達伯特（Tom Stoppard）的《君臣人子小命嗚呼》（*Rosencrantz and Guildenstern Are Dead*）中飾演兩名主角之一，還曾在威廉・吉布森（William Gibson）的劇作《演員哭喊》（*A Cry of Players*）中飾演威廉・莎士比亞。他熱愛語言的力量，也熱愛以此觸動觀眾，最重要的是，他熱愛藉由故事讓自己完全融入一個角色。對一個之前總在扮演「某人的哥哥」的孩子而言，這是最好的治療。在此之前，喬拿斯的人生大事全與妮可有關，但在舞台上，作為劇組一員，他擁有定義經驗的權力，也拿回了掌控自我的權力。「戲劇對我有幫助。」他常這麼說。

二〇一三年六月十二日，珍妮佛・拉維代表梅因斯家，在緬因最高司法法庭反駁高等法院的簡易判決結果，要求法庭行使其上訴角色。她從西麻州開著Nissan油電混合車於前一天抵達——幸好是前一天來，因為聽證當天早上多風多雨，正如同她與克連九個月前在班戈見面時的天氣。但兩人都希望這次的運氣能好一點。本次負責在六名法官前陳述的是拉維，另外有名法官因為不明原因選擇迴避。拉維不是很習慣上庭陳述這項工作，因為她所面對的案例性質非常集中，身為一名跨性別維權律師，她負責處理許多相關議題，包括健保給付、職業歧視和銀行拒貸等等，但那些案子通常不需要上法庭。不過此案不同。在此之前，跨性別者的廁所歧視案只有二〇〇一年曾在明尼蘇達州上過高等法庭，而且當時原告還敗訴。因此，如果拉維和克連獲勝，將會是史無前例的成就。

在準備陳述前，她打開亮黃色的法律資料夾，先瀏覽過黏貼在左側的由打字機打出且畫了重點的事實筆記，再瀏覽右側可能由法官提出的問題清單。為了這個案子，她花了數千小時到緬因拜訪梅因斯一家，甚至研究了每一名法官的生平，希望能找到新的優勢切入點。拉維希望確保法官理解的是，妮可一直被迫和其他學生使用不同的廁所，這表示就連學校教職員都知道讓她使用男生廁所並不適當。最重要的是，法官必須將妮可視為一名女孩。

拉維和緬因人權委員會先發言，接著輪到被告律師團。法官對雙方發言都提出了疑問，雙方也針對對造部分說法提出反駁。聽證會結束後，拉維告訴媒體，「這是個穩當的案子，一個年輕女孩只是想好好上學，學校卻無法保護她。我有信心，這是一場公正的聽證會，也期待得知他們的判決。」就在法庭外的傾盆大雨中，妮可站在父母與哥哥身旁面對媒體發言：

我希望所有跨性別孩子上學時不用擔心被霸凌，或遭受不公平的對待。我很幸運擁有一個支持我、為我出頭的家庭，真的很感謝他們。

二〇一三年八月十二日，加州州長傑瑞．布朗（Jerry Brown）簽署了AB1266法案，這是突破性的創舉，從此之後，加州法律規定人們應根據性別認同使用廁所，而非天生的生理結構。

無論紀錄上所註記的性別為何，學生應被允許根據自我性別認同參與各種以性別分類的學校計畫與活動，包括運動團隊、比賽和相關設施的使用。

在布朗簽名之前，許多保守與右翼宗教團體為了阻止法案通過，已對此發起了數月的抗爭活動。即便在通過之後，其中一個名為「全民隱私」（Privacy for All）的團體仍發起請願活動，希望推翻此法案。在此團體的網站上，他們認為不應該：

使用法律阻撓、否定自然真理與道德真相。所謂的真相是，男性與女性各自能為人類興盛做出獨特且互補的貢獻。唯有各自的貢獻被鼓勵，社會才能運作得更好，而不是讓男性與女性的各自獨特意義脫離了社會常規，甚至進一步把我們導向無性別的未來。

在反對加州AB1266法案的發言中，布蘭登・麥克金利（Brandon McGinley）非常引人注目，他同時也倡言反對其他各州與聯邦政府試圖擴張跨性別人權的舉動。他是賓州家庭機構的西區現場主管。二〇一三年十月，他在網路上撰文表示，「因為反對這種激進的法律發明而度過令人感到噁心、不適且骯髒的一天」，根本就是一種愚行。

> 我們可以確定，性別就是源自於性，即便它的發展過程極為複雜、流動，部分源自於社會建構，但也不能如同激進觀點所言，認為我們的生理結構與性別完全無關……
>
> 關於男性與女性因為生理結構不同而在廁所、更衣間或其他性別區隔場所中的經驗差異，我們不需要太精細地談，但總之將不同性別的人在這些場所中分開，就是為了符合男性與女性各自獨特的生理結構，更重要的是，這麼做能讓男性或女性的在生活經驗中與同性發展夥伴情誼——因為我們都一樣。

對於凱莉、韋恩、妮可和喬拿斯，這項理論一點道理也沒有。他們辯稱所謂的女性經驗，也就是文中「男性或女性的生活經驗」，正是奧羅諾中學拒絕讓妮可擁有的權利。使用女生廁所、梳頭髮、和朋友聊八卦：這些雖是小事，卻也是青少女的重要成長經驗，妮可卻被剝奪了。她並不期望擁有一個無性別的社會；她只想被視為自己認定的那個性別，並能和其他青少女享有一樣的生活經驗。這與法律有關，而法律在賦予人們權利與特權時不該有差別待遇。基於身分擁有的各式體驗正是我們身為人類的禮讚，而其中一個重要體驗，就是身為男性、女性或介於兩者之間所發展出的人生。

40 我們的故事

對未來的想法

九月（二〇一三年）——升上十一年級

十月——滿十六歲

二〇一四：

九月——升上十二年級

二〇一五：

畢業！！！

滿十八歲

就讀很棒的演藝學校

（性別重建）手術

二〇一八：

滿二十一歲，到處參加派對！

二〇一九：

拿到演員的學士學業後畢業

搬到西岸追求更好的演藝機會

買一棟漂亮的房子

二〇二〇到二〇三〇：

找到一個愛我的人，結婚

——妮可的日記，二〇一二

梅因斯是個平凡的中產階級家庭，但同時也不平凡。外表看來，他們相信家庭的意義，彼此關愛，彼此支持。韋恩和凱莉盡其所能地幫助孩子成長茁壯，也期待他們往後人生充滿各種創造性意義。

二〇一三年十二月，韋恩決定寄出打從二〇〇六年以來的第一張家庭聖誕卡，裡面還夾帶一封信。之前之所以放棄，是因為當時懷特成為妮可，而他還無法面對孩子是跨性別者的真相。當他向凱莉宣布自己的計劃時，她笑著說，「好好享受吧。」他照做了。

妮可過了充實的一年，也成為一位美麗的年輕小姐。她仍對表演藝術、電玩和人權工作有興趣。她在威因弗利私學校參與了《仙履奇緣》和《激情年代》的演出。和之前一樣，她又去了「緬因平等」組織擔任義工，也目睹了我們州成為第一個高票通過婚姻平權的地方。

喬拿斯比父親高一點了，現在穿十二號鞋，衣著方面總是一絲不苟，就跟他爸一樣（才怪）。他是代表學校前往哈佛大學參賽的模擬聯合國團隊成員，也是模擬法庭團隊的一員，今年又參加了表演藝術社團。他也在《激情年代》中演出「黑爾牧師」。

他仍然熱愛歷史，並被挑選代表學校參與緬因州詩歌比賽。因為不停彈吉他和電子琴，他幾乎要把他妹逼瘋了！今年夏天還在奧羅諾的「開麥之夜」擔任演出嘉賓。

凱莉今年工作也非常忙碌，總在解決各種問題，為警長辦公室開發各種新的合作夥伴，這也讓她身上背負的責任更大了。當然，工作以外的時間她總是在追蹤、規劃並接送孩子參與各種活動。

我找到全家人聚在一起的時間仍然很困難。畢竟我們住在兩個不同的城市……工作之餘，我還是不停教導他人有關跨性別青年的知識，以及如何能夠支持平權活動。每次只要開口，我就能看到又一道曾世代存在的藩籬倒下，那總是讓我感到既激動又療癒。我們擁有很棒的故事，那是與他人溝通時的強大工具。

二〇一四年一月三十日星期四，上班中的韋恩在接近中午時接到一通電話，電話另一端的GLAD成員有一個消息：「你們贏了！」

「你在說什麼？」韋恩不確定打電話的人是誰，腦中一片困惑。

「你們贏了！我們希望你現在立刻來波特蘭！」

電話就這樣掛斷了，韋恩幾乎沒說到話，只好立刻打電話給凱莉確認自己不是遇上了惡作劇——或是做了場夢。

「我們贏了嗎？」他問她。「你確定嗎？我真不敢相信。」

凱莉也才剛跟GLAD的人通過電話，也已經把好消息用簡訊傳給妮可和喬拿斯。當時兩人正坐在學校的大禮堂參加一場集會，妮可才讀完簡訊的最後一個驚嘆號，立刻毫不遲疑地衝上台向所有人大聲宣告這項好消息。

「大家都在拍手！」妮可興奮地把這項消息回傳給爸媽。

韋恩立刻向上司告假，以每小時八十英里的速度開到波特蘭。平常他只要開兩小時半就會抵達，但這次時間拖得很長，因為他還得時不時停下來接受電話採訪。

「這是一個至關重大的判決。」跨性別法律防衛及教育基金會的麥克・席佛曼（Michael Silverman）在新聞稿中這麼說。

「這個判決向那些跨性別學生傳遞了一項訊息：他們的生命很珍貴，他們的教育需求很重要，而且他們的學校必須提供公平的教育機會。」律師珍妮佛・拉維這麼說。

對造律師表示，奧羅諾學校當局會採取法律所要求的一切必要措施，也相信法院「針對全國與緬因州校內愈來愈常見的現象，提供了具有幫助的指導方針。」

韋恩才把車子停在家門前，就立刻有一組電視台團隊前來請他發表感言。

「我都還沒和我妻子說到話呢！」他告訴他們。「身為家長，我們只希望妮可和她的哥哥喬拿斯能獲得良好教育，並被當作一般學生對待，但妮可的情況並非如此。妮可的遭遇讓她非常痛苦，我們全家也一樣，但現在，我們終於能結束人生中如此艱困的章節。我們真的很高興，因為這個判決，緬因州不再會有跨性別孩子受到和妮可一樣的待遇。」

不過在緬因其他地方有人亂了陣腳。麥克・西斯（Michael Heath）在二〇〇九年辭去了「緬因州基督教公民聯盟」的領導職務，之後他曾撰文表示，組織中其他人認定他過於「有害」，尤其是在打擊同志議題及所謂「跨性別主義」方面太固執己見。二〇一二年，西斯成為「幫手聖徒」組織的領導人，在部落格上，他也提到組織內有人質疑他「過於執著要求把打擊『同志』作為組織第一要務」，這也是為什麼他在離開此團體後，決定將全部心力奉獻於性傾向與跨性別議題。二〇一三年，他在部落格上表示自己仍在努力阻撓「支持雞姦」的運動，因為「這些勢力釋放出的變態邪惡潮流高漲至前所未有的地步，導致雞姦與跨性別主義全面性地侵蝕了州內所有組織，尤其是公立學校。」

當保羅．梅蘭森聽說最高法院判決奧羅諾公立學校局敗訴，他表現得像名哲學家。他知道之後面對其他爭議仍得繼續奮鬥，但仍決定繼續說出自己的心聲，這是他唯一懂的方法，無論輸贏，他都會堅持自己的想法。

至於梅蘭森的孫子傑考布，由於讀完六年級後就搬回小鎮吉利德（Gilead）與母親同住，這場官司與他的關聯也就愈顯淡薄。傑考布的母親在當地一間餐廳擔任服務生，他則希望能在金屬產業謀職，或許成為一名焊接工。每當想起這場官司（其實頻率很低），他仍認為這和人權或廁所政治無關，甚至和妮可本人無關。他仍相信一個出生為男孩的人不該「假裝」自己是女孩；不過另一方面，他很想知道喬拿斯的感受。他知道喬拿斯不喜歡他，但喬拿斯卻是整起事件中他唯一覺得可能理解的人。喬拿斯也是個男孩，和他一樣，他知道自己是誰，對於身為男性毫無不滿。到底是什麼感覺呢？傑考布很想知道。身為一名擁有跨性別雙胞胎妹妹的哥哥到底是什麼感覺？傑考布連自己的兄弟都不太熟，但他想知道當懷特變成妮可時，喬拿斯是否曾感到失望？但當然，完全沒有，喬拿斯非常清楚這點。

「我從來就沒有弟弟，」他曾告訴妮可，「妳一直都是我的妹妹。」

故事是縫線時漏掉的那針，是規律被打破的原因……為何這一刻有所不同？是什麼改變了？為什麼是現在？……正是這一切標記了我們人生的轉捩點。

——丹尼．沙皮羅（Dani Shapiro）

四、
打破藩籬

41 畢業典禮

二〇一五年三月，也就是凱莉與韋恩要求奧羅諾中學正視學生權益七年後，緬因州彌利納奇（Millinocket，位於奧羅諾北方大約一小時車程）的學校董事會制定了與跨性別學生有關的政策。有了梅因斯家的案例，全州（甚至全國）的學校系統都被迫重新檢視其規章與規定，以確保自己不會像奧羅諾學校當局一樣擔上法律責任。針對法院判定奧羅諾學校局歧視跨性別學生的結果，現在已有四頁關於此議題的明文政策建議書。

此項文件中的「目的」聲明，新方針在於「創造一個安全且免於歧視、騷擾和霸凌的學習環境」並「幫助跨性別學生（於校內）進行教育與社交環境之整合」。彌利納奇的備忘錄也提及兩個重要項目：

廁所：

在此方針之下，認同自己為跨性別的學生，根據其於校內所持續聲明之性別，得以使用與該性別相符的廁所。

更衣室：

更衣室的使用則需要考慮幾項因素，包括但不限於學生的舒適與安全，這些因素包括跨性別學生的偏好、學生隱私、學生年齡、可用設施狀態。普遍原則是，跨性別學生根據其於校內所持續聲明之性別，得以使用與該性別相符的更衣室，且不會被要求使用與其於校內所持續聲明之性別有所衝突的更衣室。

《班戈日報》報導了彌利納奇針對梅因斯高等法院勝訴案所進行的調整，然而，許多網路上的回應令人驚訝地缺乏同理心。

奧羅諾的那些人沒有歧視。他們說不知道該怎麼做……所以就給那名學生用了職員廁所呀。可憐的奧羅諾教職員，竟然因此擔上壞名聲。

不，這樣完全不對。

希望我的孩子別在廁所裡遇見性別不同的人。我告訴女兒了，只要看到有人有喉結，一直尖叫就是了。她知道該怎麼做。

幾乎就在彌利納奇備忘錄引起辯論的同時，針對性別認同作為一種生物現象，波士頓醫學院首次發表了全面性的研究結果。根據報告中的其中一位作者表示，此研究提供：

至今最令人信服的論述之一，能幫助所有醫療從業人員得到足以妥善照護跨性別者所需的必要醫療技術。……治療跨性別者的臨床經驗明確顯示，給予患者所要求的荷爾蒙治療及性別重建手術的結果最好，而非只進行心理醫療干預。

然而，妮可在三月收到一封來自緬因大學（保險業務由康健人壽負責）的信件，看法卻完全相反。

在評估過所有資料後，我們認為無法核准你的要求……這項服務不在給付範圍內。

換句話說，妮可的性別重建手術被認定為整形手術，因而不被視為醫療或健康需求。對此結果，韋恩和凱莉其實不太驚訝，儘管康健人壽曾在二〇一四年十二月核准過性別重建手術及其他跨性別醫療相關療程，但緬因大學的健康管理部門不打算考慮此前例。不過在經歷過之前的一切，被人告知這項最終重建手術不過是為了「整形」還是很可笑。韋恩和GLAD決定繼續和緬因大學的管理部門溝通，之後，韋恩又送出第二次申請，這次成功了。大約兩個月後，緬因大學全面翻轉了之前的決定——不只針對妮可，也針對所有其他投保人。這又是梅因斯家的一次勝利，並以此為後繼者鋪開了更順暢的道路。那天晚上，韋恩寫信給珍妮佛．拉維，表示他們家真的鬆了一口氣。「不知道你怎麼想，但我們真的需要遠離這些戰場了。」

二〇一五年春天，妮可和喬拿斯即將高中畢業，兩人也都確定即將就讀的大學，喬拿斯選擇在法明頓的緬因大學修讀戲劇與心理學，妮可則在奧羅諾的緬因大學追求她對戲劇及藝術的熱情。學費方面，本來每年每位州內學生得支付一萬美元，但妮可和喬拿斯都是學校教職員的孩子，只需支付半價，大幅度減輕了父母的壓力。

雙胞胎從私立威因弗利學校畢業時，韋恩和凱莉已為這四年支付了十二萬美元，如果不是因為學校獎學金，他們得支付的其實是雙倍費用。在雙胞胎就讀第四年時，為了省錢，韋恩再次削減自己的生活開銷，決定從研究生宿舍搬到奧羅諾的威爾森中心，那是一座不屬於特定教派的教堂，有點像迷你版的YMCA，提供一個月只需要四百五十美元的廉價住宿，還能加入一個彼此幫助的社群。每週四晚上大家會幫忙烹調免費晚餐，週一則有冥想及瑜珈活動，週二是貴格教派會來帶禮拜。韋恩很會修東西，很高興能在這裡發揮所長，此外也很快與兩名住得近的學生成為好友，其中一位是來自中國的工程系學生，另一位則是來自紐澤西的社會學系學生。韋恩住的空間只夠放下一張組合沙發、床和小冰箱。淋浴間則需要共用。「感覺就像住在一個小型的兄弟會裡，」他告訴訪客，「男女同住的兄弟會。」

就在那年年初，韋恩收到了來自同性戀反歧視協會（GLAAD，Gay and Lesbian Alliance Against Defamation，和代表梅因斯家打官司的GLAD不同）洛杉磯辦公室的信件。GLAAD想請問妮可是否願意參加一場試鏡，通過後能以客座身分在《上流名醫》（*Royal Pains*）演出一名跨性別青少年的角色。《上流名醫》由美國電視台製作，是每集一小時的系列影集，主角漢克．羅森因為醫療糾紛被迫成為「私人醫生」，專門受雇為長島漢普頓區的有錢名人看病。妮可參與了二次試鏡，在五月確定得到了這個角色。

六月，韋恩開車載女兒到紐約進行為期一個禮拜的排演、錄影，美國電視台每天派一台加長禮車把他們從下榻的曼哈頓旅館接到現場。拍攝第二天，司機聊起自己曾二次投給歐巴馬，但現在是共和黨員，韋恩問他原因，他說，「他們甚至亂搞大學吉祥物。」韋恩不懂他的意思，司機解釋，他剛聽說紐澤西的羅格斯大學（Rutgers University）想要創造新版本的吉祥物：「史嘉蕾騎士」。

「他們想要一個跨性別吉祥物！」司機不可置信地說。

韋恩和妮可立刻面對面笑了出來。回到旅館後，他們開始討論，「那到底是什麼意思？為什麼會出現跨性別的史嘉蕾騎士？」就這樣花了一整天討論跨性別議題。等拍攝週接近尾聲，司機才問了妮可在戲中的角色，她表示自己扮演一名跨性別學生，本身也是跨性別者，此時司機既驚訝又尷尬，但韋恩立刻藉此跟他進行了更深入的對話。他解釋跨性別是一種醫療症狀，而有關跨性別者的權利跟身為民主黨或共和黨無關。他們只是忠於真實的自己。

大約是在六年級剛畢業沒多久，為了表達內心的哀傷、挫敗與鬥志，妮可寫了首標題為〈不平等〉的詩。

你該如何稱呼一名聰明的女孩
因為聽過平等之聲而埋怨的女孩？
那聲音說她值得一切
如同她的同儕，毋須被責備

鎮上人們的目光，比不上
被眼中充滿火光的狗盯上
牠們等你踉蹌
等你踏出錯誤的一步
屆時立刻發狂
嘶吼著想把你驅逐

牠們要你獨坐
遠離朋友
希望你某天不再不同
你該如何稱呼一個聰明的女孩
因為聽過平等之聲而埋怨的女孩？
那聲音說她值得一切，如同她的同儕，毋須被責備

你稱她為妮可
她的不同使她完整

在妮可還無法表達自己、也無法完整宣示自己的認同時，凱莉必須幫助她。韋恩總喜歡說，身為家長，最重要的就是對自己有信心，唯有如此，他們才能無懼他人眼光地去滿足孩子的需求。韋恩花了許多時間才擁有這份自信，但不知為何，凱莉打從一開始就沒有這方面的問題，當然，她偶爾還是會自我質疑——怎麼可能沒有？畢竟她得一個人從無到有得學習如何養育一個跨性別孩子呀。為了確保孩子安全，她和韋恩犧牲了許多，這段過程一點也不輕鬆，常令人痛苦。凱莉也因此放棄了不少愛好，比如那段幾乎等於獨立養育兩個孩子的時光，她完全埋藏了對繪畫的熱愛。韋恩也錯過了雙胞胎的大半童年，但他堅信所承受的一切全都值得。

凱莉對此也很清楚，但有時還是會想對妮可和喬拿斯道歉，畢竟她花了太多時間在擔心、計畫和自我教育，導致沒什麼時間陪他們玩耍。「我很抱歉，那段時間實在缺乏樂趣。」她偶爾會對雙胞胎說，但喬拿斯和妮可從不這麼想。有些事早已注定。喬拿斯告訴母親和父親，要是有一天某人說，「嘿，你有聽過跨性別者嗎？」而別人的回應只是，「有呀，然後咧？」那就太好了。跨性別就該是這麼普通的事，喬拿斯說，在成長過程中，他始終把弟弟視為妹妹，一切都理所當然，只是別人多花了點時間才理解罷了。

二〇一五年六月的第一週，妮可和喬拿斯參加了高中最後一場舞會。妮可的舞伴是愛力克斯，是她在前一年波特蘭動畫博覽會上遇見的男孩，因為兩人住的地方距離有一小時車程，所以通常都是以電子郵件聯絡。他比妮可大一歲，目前在奧羅諾的緬因大學準備升上二年級，主修電子資訊。喬拿斯當時沒有女友，所以舞伴是他和妮可的一位密友。

那是個溫暖的夜晚，夜空掛著六月的紅月亮。妮可穿了一件正式的黑色長禮服配四吋高跟鞋，她和喬拿斯、喬拿斯的舞伴、雙胞胎的好友奧斯汀及奧斯汀的男友一起擠上租來的加長禮車，一同前往距離波特蘭北方約十英里的福爾茅斯鄉村俱樂部。這和他們高一在當地教堂所參加的舞會完全不同，俱樂部中，所有來自威因弗利的四年級生都在白色帳棚下就著頻閃燈及DJ放的音樂舞動，氣氛浪漫，幾乎像一場完美的婚禮。舞會結束已是深夜，禮車把大家送回奧斯汀家，所有人都累垮在沙發上，完全沒換衣服就一路躺到天亮。

一個禮拜之後，威因弗利舉行了第一一七屆畢業典禮。喬拿斯．柴伯狄亞．梅因斯和妮可．安柏．梅因斯和另外六十八位畢業生接受了來自董事會、校長及高層總長的祝賀，同時也拿到了畢業證書。喬拿斯打上領帶，穿著小半號的藍色外套自信走上台，突然之間熱烈擁抱了所有的學校長官，台下的人都理解地笑了出來，校長則有些搞笑地聳了聳肩膀。接著上台的是妮可，她穿著白色小禮服和褐色高跟鞋，小跳步越過舞台，輕輕地向三位學校長官行禮，然後，就在準備走下台階前擺了個姿勢：雙手搭上臀部，一隻腳往後屈膝，頭往後甩。他們是同卵雙胞胎，他們是哥哥和妹妹，但也是無從錯認的獨特個體。

坐在觀眾席的凱莉覺得一切簡直不像真的。他們花了好大力氣才走到這一步，然而時間又過得好快。她確實花了許多時間鼓勵他們學習，但仍無法相信他們真的辦到了。或許之後——以前她絕不會這麼想——她會懷念「過去的時光」，但身為一個總是往前看的人，她等不及要看孩子未來會變成什麼模樣。

一如往常，韋恩努力忍住不哭。他不停回想把孩子送到威因弗利就讀的決定，當時他們擔心付不起學費，他也懷疑是否有讀私校的必要，畢竟那是個對他和凱莉而言都很陌生的所在。如果不是因為在國王中學被逼到無路可退，在凱斯可灣（Casco Bay）又抽籤失敗，又或者一開始由他獨自做決定的話，雙胞胎一定不會來讀威因弗利，但幸好，他們做了正確的決定。

韋恩知道他能教喬拿斯和妮可的事情不多，頂多只有如何為一隻麋鹿剝皮、追蹤一頭鹿，以及打撲克牌，但仍希望能把他和凱莉的工作倫理及生存直覺傳授給他們，如果可以的話，最好再加上一點他說故事的能力。但他也知道，威因弗利讓雙胞胎接觸到他和凱莉年少時從未經歷過的世界。能夠走到這一步，他們接受了太多人的幫助，包括學校老師、醫生、律師、性別運動者、政治家、朋友和家人。阿薩．亞當斯小學的諮商師麗莎．爾哈特甚至送了雙胞胎畢業賀禮。

喬拿斯和妮可準備好上大學了。靠著演出《馬克白》中的一段獨白，喬拿斯甚至拿到了一項頗富盛名的表演獎學金，那可是他從未在台上演過的角色。當喬拿斯擁抱校長時，韋恩終於任由淚水流下，喬拿斯終於恢復了本來的模樣：開心、有趣、聰明。至於在台上小碎步跳躍又特地擺了姿勢的妮可——是的，她就是這麼熱力四射，而韋恩就希望她保持這股活力，不只享受當下，還能從中尋找樂趣。他希望他和凱莉為孩子的人生打下了正確的基礎，也希望過往的傷痕不會阻撓他們追求美好未來，但不會的，他知道，而最大的原因是凱莉。他們從凱莉身上學到太多，包括誠實、自信的力量及為信念挺身而出的重要。當喬拿斯和妮可拿著畢業證書回到座位上，韋恩再次想起他的妻子多麼努力才帶大家走到這一步，既然都走到了這裡，他相信往後一切都會順利。

哲學家查爾斯．泰勒（Charles Taylor）曾寫道：

每個人都有實踐自我的獨特方法：每個人都有專屬的「指標」……所謂實踐自我的特定方法，就是「我的方法」。我被召喚於此生就是為了實踐此方法，而非模仿任何人。這使忠於自我擁有全新的重要性，因為如果不這麼做，我就錯過了生命的關鍵，錯過了為「我」實踐自我的機會。

沒人能指責梅因斯家錯過實踐自我的機會，他們一路走來確實沒有模仿任何人。不過對於妮可而言，她還需要經歷至少一個步驟、完成一項工作，才能夠宣稱百分之百地忠於自我。韋恩之前總是試著不去思考這項手術，也就是把最後一個從未屬於她性別的生理特徵除去的終極手段。他回想起年輕時與其他男性建立情誼的時光。

他特別記得有一次，他到阿斯斯加的蒙塔古島（Montague Island）獵黑熊，過程中交了幾個好朋友。其中一個人有台露營車，於是他們從費爾班克斯（Fairbanks）開到法爾德茲（Valdez），一路上又是打牌又是聊打獵話題。在法爾德茲外的一條山徑上，他們需要上廁所，但前後數英里都沒有適合的地方，所以他們停在路邊，六個男人站成一排，就在下著大雪的路邊直接撒尿。韋恩還站到一旁迅速拍了張照：在車頭燈照耀下，五個朋友站在阿拉斯加的荒郊野外，每個人的「男子氣概」都掛在外面。他總是將那張照片作為男性情誼的極致表現。他本來希望懷特也能擁有這種情誼，但為了妮可放棄這個期待，對他而言其實很不容易。然後他想到短短幾年內，他和整個世界一起經歷了莫大改變，一回首才發現，那段時光幾乎佔據了他半輩子。

妮可和喬拿斯的人生只過了不到四分之一，對他們而言，過去一切仍未遠去，他們試圖淡化的許多事件甚至仍未了結。過去這幾年，他們過得迷惑又混亂，實在沒什麼時間停下來反思，但大約一年前的一個漫長午後，他們有了這麼做的機會。

「故事公司」聯絡了梅因斯家，那是一個記錄平凡人對話與回憶的口述歷史計畫，其中一部分會在國家公共廣播的《晨間選輯》（*Morning Edition*）中播放。故事公司的製作人聽說了梅因斯家不平凡的旅程，希望邀請他們到波特蘭錄製一段家族成員的彼此訪談。想到自己的聲音會被永遠儲存在美國國會圖書館，凱莉和韋恩答應了。於是故事公司的員工把錄音設備帶到波特蘭，他們花了好幾個小時工作，首先是凱莉和韋恩彼此訪談，接著是妮可與父親，再來是妮可與喬拿斯。在主持人的鼓勵下，喬拿斯問妮可是否能想像自己十年後的樣子，她說希望自己正在讀演藝學校，同時也能常拜訪喬拿斯，並參加他的婚禮。

「你妻子會丟捧花，而我會撞開好幾個人後接住，」她說。「我那時候應該還是單身吧，可能正盡全力發展演藝事業。」

喬拿斯繼續追問。「身為雙胞胎顯然造成很大的影響，」他說，「如果我們不是雙胞胎，你覺得到時候會是什麼模樣？」

妮可無法回答這個問題，喬拿斯也一樣。「沒有人把我們視為『喬拿斯』或『妮可』，」他說，「大家都把我們視為『喬拿斯和妮可』，我們是那種形影不離的典型雙胞胎。」確實，他們非常親密，但又為了擁有完全不同的人生而不停奮鬥。

「你們的生命如此緊密地交織在一起，當全力尋求獨立時，其實會產生很多衝突，」喬拿斯說，「會非常渴望成為獨特的自我。」

即便產生過類似衝突，當喬拿斯問妮可有關同卵雙胞胎的獨特記憶時，妮可說了一段只可能發生在記憶之前的時光，而喬拿斯似乎也記得。

「我們還是嬰兒，但已經是一對好搭檔，」妮可說，「父母把我們放在床上午睡，我們不想睡，所以想爬過（嬰兒床的）欄杆。我翻過去了，你卻一直滑回去，所以我爬進你的嬰兒床，幫你爬出去。」

當然了，他們總是彼此幫助。無論眼前有什麼阻礙，他們永遠彼此守護。

42 重建

我們的故事定義了我們。根據哲學家丹尼爾．迪奈特表示，「自我」正是敘事重心，那是「一種抽象概念，即便帶有抽象性，卻仍緊密與現實世界結合在一起。」妮可也很明白，她不僅僅是身體所有組件的總和，但身體確實提供了所需脈絡，幫助她的心與腦定義自我。身體盛裝了我們的故事。身體將我們和世界連接在一起。它是我們體驗世界的工具，而妮可終於要把這工具改造成正確的模樣。很多人看待跨性別者時，都把焦點放在最後的手術重建過程，她對此感到遺憾，因為於她而言，這不過是最後一個步驟，但確實是為了幫助身體感覺良好的必要步驟。

準備升上高四時，妮可就希望能在隔年夏天上大學前進行手術。史貝克醫生推薦了一名費城的整形外科醫生。手術費用很貴，大約兩萬美金，幸好韋恩和凱莉之前在官司中打贏奧羅諾學校當局，得到了七萬五千美元的賠償金，並從中預留了這筆費用。在支付了GLAD的費用和之前那位律師的尾款後，梅因斯家大約剩下四萬四千美元。

但在手術進行前幾週，梅因斯家和醫院間的術前準備溝通出了狀況，他們不知道荷爾蒙治療會提高血栓風險，沒有讓妮可在術前一個月前停止服用雌激素，計畫只好被迫喊停，手術時程也被迫重新調整。為了在妮可上大學前走完開刀和術後恢復程序，他們得另尋名醫，幸運的是，靠近費城有一名全國知名的跨性別手術專科醫師凱西．魯默醫生（Kathy Rumer），而且剛好在七月底有空檔。

妮可的部分陰囊與陰莖組織會被用來重建新陰道，因此，她在手術前幾個月接受了數次除去恥毛的雷射手術。過程非常折磨人。妮可表示就像有人拿橡皮筋一直彈你的皮膚，然後再用熱燙的針頭刺進去。

早在一、兩年前的費城跨性別研討會中，韋恩和妮可就見過魯默醫生，對她印象不錯。她對梅因斯一家人解釋，雖然妮可的陰莖和睪丸會被移除，但敏感部分會被留下來重建為陰蒂，以保留性興奮的功能。她必須學習新的排尿姿勢，而且術後會有幾個月得使用器材擴張、維持新陰道的形狀。不過令人安心的是，一旦妮可完全痊癒，光從外表不可能知道她原本擁有男性生理結構。

手術在賓州達拉瓦縣立紀念醫院（Pennsylvania's Delaware County Memorial Hospital）進行，預定進行前一週，妮可的期待情緒高漲，一半是恐懼，一半是興奮，她知道這項手術如同漫長隧道後看見的那道光，但也知道擁有新身體之後，她得在現實生活中面對許多適應問題或併發症。她尤其擔心手術會重燃以往那種性別不安的感受。過去十七年來，她已經逐漸習慣自己口中的「男生部分」，學會與「它」和平共處，而現在她打算以新的「女生部分」取代「它」，萬一之前那種對身體的認知混亂感又出現了呢？她寫下了自己對這份恐懼的想法：

我本來以為手術是一切的解藥，但現在明白並非如此。其實我本來就知道，只是不願接受。我因為現在的身體始終害怕約會——但手術後，我知道自己還是會因為曾擁有的身體感到害怕，而且仍無法生小孩。這件事一直非常困擾我。就算改變了身體，就算看起來天生就是女性，無法生育這件事仍會提醒我不是個女人。我想我一輩子都會對此心懷怨恨。

雖然內心有各種憂慮，妮可也知道這是她唯一的選擇，也是唯一能完成這趟轉變之旅的方法：最後一片拼圖終於要落在正確的位置。

就算不是為了自己，我也要為了懷特這麼做。我必須以此彌補他曾忍受的一切痛苦。我必須以此向他道歉。我必須以此向他證明，這一切都是值得的。我必須這麼做，以感謝他從未放棄，並給了我這個機會……他總是提醒我，忍受他人的無理對待一定會有所收穫——他終於能擁有那個相信自己值得、注定擁有的身體了。那會讓過往一切：所有的騷擾、負面情緒、不自在與尷尬，全都有了價值。

我覺得我必須接受這項手術。我答應他了。

手術幾天前，喬拿斯也思考了這件事對妹妹的意義，並在臉書上寫了這段話：

明天我們會到費城，妮可會接受她等了一輩子的性別重建手術。接下來的幾篇發文可能會很長、很濫情，但我實在沒辦法，畢竟對妮可而言，這場充滿啟發性的漫長奮鬥之旅終於要走向尾聲，而我想感謝你們所有人（你們八成都是妮可朋友，因為我的朋友就是她的朋友，你們懂的，雙胞胎嘛），你們總是支持她，不吝對她付出關愛與友善……我會盡可能地讓你們知道最新的消息。這對我們來說都是非常興奮的一週，大家內心都很激動，不過在你們問之前，我先說我沒哭，我還是有點受不了這種感人時刻。

註：如果你們對慶祝蛋糕上的文字有想法的話，請告訴我，因為值得寫的事實在太多了呀。

二〇一五年七月二十八日的早上潮濕又多霧，梅因斯家在天還沒亮前就抵達了靠近費城的醫院。時間還不到六點，但妮可似乎累壞了，她形貌蒼白，頭髮扁塌地散在臉上，身上穿著不合身的淺藍色寬鬆連身裙，必須靠父母攙扶腳上套著帆布拖鞋的她走過走廊。原來她為了手術已經四十八小時沒吃固體食物，那天早上貧血。

甚至前一天晚上，她就因為太虛弱而倒在廁所地板上。她當時住在魯默醫生辦公室樓上的其中一間患者病房，除了她之外還有四位做完置換手術的患者正在等待復原（妮可術後也會和凱莉在此住上一週）。韋恩和喬拿斯住在附近的希爾頓飯店，但當時距離手術還有十二小時，所以他們在病房內陪伴著暈眩、飢餓又脆弱的妮可。

「我做不到。」她躺在廁所地板上呻吟，表情誇張。

「可以不做呀，」凱莉說，「你想要的話，我們現在就可以取消手術。」

「不！不！我得動手術！」

她其實從未質疑過這個決定。她很清楚，凱莉和韋恩也很清楚，喬拿斯也清楚。不過雙胞胎從未真正來過大醫院，之前了不起就是拔智齒；但這次妮可的手術得花上四、五個小時，之後還得休養好幾個禮拜。從病房到電梯的路很長，醫院人員為妮可推來輪椅，於是喬拿斯推著妹妹走過迂迴廊道後上了六樓。妮可似乎一抵達六樓就放鬆了，也對母親坦承了內心憂慮。

「不知道那種感覺會不會再次出現。」她說。

凱莉懂她的意思。妮可又在擔心性別不安的問題，就怕再次覺得身體不屬於自己。她花了很長時間抗拒自己的身體，她不想要那具男性身體，但最後仍接受那是自己的一部分。凱莉安慰她，就算有那種感覺也很正常。她正面臨許多改變，而未知總是令人恐慌。

一名護士請妮可換上醫院的袍子，然後向她與凱莉確認解釋了手術相關細節。在把門關上之前，護士也告訴韋恩和喬拿斯，他們可以在走廊底端的轉角找到一間等待室。

「我就待在那裡！」喬拿斯坐在妹妹所在的房間外，靠著牆壁往房內喊。

接下來數小時，許多醫院相關人員進進出出：值班護士、手術房護士、麻醉科護士、麻醉師，最後是凱西．魯默醫生。就在她打算離開進行術前準備之前，她問妮可是否有任何問題或感到憂心的地方。

「趕快搞定吧！」妮可說，「我好餓！」

七點三十五分，凱莉和韋恩看著女兒被推進手術室，內心湧起了許久未見的安定感。他們終於要跨越最後一道障礙了。現在回想起來，妮可在手術前一天的小崩潰其實化解了原本緊繃的氣氛。凱莉本來情緒也很高亢，甚至怕自己會忍不住抓住妮可大叫：「別動手術！」倒不是她否認妮可對手術的需求或渴望，她希望妮可得償所願，但想到孩子會被切開還是令她恐慌。不過這是大家早就預期到來的一天，長久以來，他們所計畫、夢想的就是抵達這條終點線。她只希望一切趕快結束，大家好繼續走向新人生。

現在他們只需要等。韋恩最近有了新嗜好——用松針編成小籃子——所以帶了一個小型編織工具箱；凱莉用筆電收發工作信件；喬拿斯則反覆翻看手機，並在臉書上發出一段文字：

妮可進手術室了！開始了。

手術期間——其實包括手術前後幾天——透過社交媒體傳給妮可的訊息排山倒海而來。妮可的親戚及阿薩．亞當斯小學的校園諮商師都祝她好運，就連緬因大學的學生會長都來訊祝福。妮可在威因弗利最好的朋友蕾西傳來的訊息寫著：「**要做手術了，興奮嗎？**」妮可回應，「**超興奮**——有點緊張——**但興奮**，」對此蕾西又回了，「你一定會變**超美**。」

早上十一點零六分，魯默醫生出現在等候區。

「她的狀況很好。」她告訴梅因斯家。

手術不到四小時就結束了，一切平安。醫生在沒有額外移植皮膚的前提下建造了五英吋長的陰道。大家都鬆了一口氣。凱莉和韋恩彼此擁抱。

提到手術時，韋恩表示，「令人開心。在經歷了之前的一切後，這就像一份禮物。」妮可待在恢復室的時間比手術時間還長。因為麻醉，她唯一剩下的感覺就是反胃。

「我可以進去偷看一眼，親她一下嗎？」凱莉問。

不行，因為恢復室的病床沒有隔開，容許任何人進入都會違反醫院的隱私政策。凱莉得再等一下。終於，到了下午兩點三十五分，妮可的輪床被推到手術住院區的五〇四房。這個號碼有點諷刺，因為之前在阿薩・亞當斯小學時，正是復健法《五〇四法》保護了妮可，但後來又成為一種枷鎖。而現在卻又是這個號碼陪伴她從最後的手術中逐漸恢復。

那天妮可幾乎都在昏睡，凱莉、韋恩和喬拿斯則待在房內照顧她。此時喬拿斯又在臉書上更新了一篇貼文。

> 我在妮可身邊！她整個人昏昏欲睡，但感覺不錯！她很快就會醒過來吵鬧了，所以趁現在享受一下寧靜的氣氛。
>
> 只是想要感覺你們對她的支持。這對妮可而言是無比重要的一天，而你們和我們全家一起經歷了這趟旅程。認識我的人（希望你們全都認識我）都知道，我實在不愛到處宣傳我們

的「家庭故事」，但這週我打算破個例。她如此努力地為自己的權益奮鬥，也為他人奮鬥，而你們都參與其中。鼓勵一下你們自己吧，幹得好。你們的努力值得這份鼓勵。她愛你們所有人，我也一樣，再次感謝你們。我再看看等她醒來後是否願意來張自拍照。

手術兩天後，妮可吃了個漢堡，打了幾通電話給外祖母唐娜和其他親朋好友，也開始見客。其中一位訪客是妮可之前在研討會認識的跨性別女子，她剛好住在附近。明明凱莉、韋恩和喬拿斯都還在房內，兩人卻聊得旁若無人。妮可甚至一度對著這個朋友說，「有個雙胞胎哥哥讓我挺開心的，因為我知道自己就算是個男人也好看！」

她的好朋友蕾西傳訊問她，「感覺如何？」然後又傳，「你這樣好像愛麗兒。」愛麗兒，就是那隻從大海到陸地，最後變身為渴望人形的那隻小美人魚。

妮可的性別重建之旅結束了。她這輩子仍需服用女性荷爾蒙，也無法生小孩，但她希望未來能和一名男子結婚並收養孩子。目前一切未定，但十七歲的人生本來就該這樣。

對於妮可、喬拿斯、韋恩和凱莉而言，一切仍未真正結束，因為在我們嚥下最後一口氣之前，一切都還沒結束。我們總在不停跨越各種邊界。年輕時，所有事情似乎總是一股腦的發生，但隨著年紀增長，我們明白自己不停在告別過去、迎向未來，從未停滯，也無法靜止。我們活在臨界的時間內，所有時刻彼此沾染：未來沾染著現在，現在也沾染著過去。我們相信一切都有可能，也永遠有更多故事得以訴說。

「故事能移除那些必須被移除的隔閡。」妮可最近這麼告訴父親。妮可的故事從出生前就開始了，喬拿斯的也是——從還是原子、分子和液體的時候就開始了。一組DNA、兩個靈魂，卻造就了無限可能。「我相信我們不是自己選擇了人生的故事，」詩人兼作家昂諾·牧爾（Honor Moore）曾這麼說，「而是故事選擇了我們……如果不把故事說出來，我們會變得愈來愈微不足道……」凱莉、韋恩、喬拿斯和妮可的故事才到中場，但仍在持續與大家分享。

妮可曾試圖在鏡子裡、在哥哥身上、甚至身邊的世界中尋找自己的故事，但最後靠著家人幫助才真正尋得。妮可總是迫切想讓大家明白她的真正身分，即便生命頭幾年她連那身分該如何稱呼都不明白，但凱莉、喬拿斯和韋恩終究幫助她找到了「棲地與名字」。現在看著鏡子，她內心不再有困惑。她已經解開了生命中最難的謎題，過程中也幫助家人解決了各自的難題。他們共同成就了這個故事。當纏繞的謎團舒展開來，他們才發現一切自有其道理，內心也終於不再有任何糾結。

尾聲　她快樂就好

即便在寫作本書的期間，跨性別者的人權運動也一直有所斬獲。過去幾年追求婚姻平權的運動也幫助刺激了跨性別運動，而且只會往更好的方向走。美國在一九六六年進行的一項醫療與心理專業研究指出，大部分人認為跨性別者是「嚴重的神經機能問題」，但時至今日，美國總共有十八個州加上哥倫比亞特區禁止歧視跨性別者，另外包括超過兩百座縣與城市；全世界共有七個國家在法律上認可兩種以上的性別；歐巴馬政府也於二〇一五年七月推動解除跨性別者從軍的限制。

我們所努力的成果——雖然未來還有許多困難得跨越——可以在這一代的年輕人身上得到驗證，因為他們是成長於法律確立婚姻平權的土地。那麼，孩子究竟是如何自然理解公平與平等概念，並且接受人的差異性呢？幾年前在阿薩·亞當斯小學，有一群三年級學生的對話可以做為很好的例證。當時，對梅因斯家影響重大的麗莎·爾哈特正在上課，內容有關朋友受到霸凌時該如何幫忙。一小時的課程結束後，這群三年級生必須針對上課內容作一幅畫，爾哈特巡視大家的作畫狀況時，剛好聽見幾名學生聊起幫助朋友抵抗霸凌的創意手法。那天晚上，她寫

信給梅因斯家。

嗨，韋恩與凱莉，

今天在一堂三年級的課堂上，我聽到了以下對話，覺得一定要跟你們分享。一開始我聽了滿臉微笑，過一陣子又熱淚盈眶。我知道你們經歷了一段漫長而艱困的旅程，有時候學校也表現得很糟糕，但一切掙扎都是值得的——不只對妮可而言，還包括所有被她觸動的人。

男孩：「我用藍綠色和粉紅色畫長頸鹿，因為他是個跨性別者。」

女孩：「什麼意思？」

男孩：「就是，一個人是男孩，但其實是女孩，就是，有兩種性別。」

女孩：「噢，我想青蛙也會這樣，有兩種性別。」

男孩2：「是沒錯，但人怎麼可能？」

男孩：「我也不太確定，但我們學校有個女生是跨性別者。」

女孩：「真的嗎？叫什麼名字？」

男孩：「天哪，我不記得了！好像已經升上國中了。」

女孩：「酷。」

男孩2：「我沒聽說過，所以她到底是男生還是女生？」

麗莎．爾哈特：「她有女生的大腦，但身體像男生。她是以女生的方式生活，長大之後也會動手術，把身體變成符合大腦的樣子。」

男孩2：「你是說像整形手術嗎？」

麗莎．爾哈特：「沒錯！就像整形手術。」

男孩：「我記得她的名字，她叫妮可。」

女孩：「噢，我知道妮可，她很酷。我不知道她是跨性別者。」

男孩：「是啦。但也沒什麼大不了吧？」

女孩：「噢，我懂。其實真的沒差。她快樂就好。」

致謝詞

本書之所以能夠完成，首先當然要感謝梅因斯一家的全力配合。對於他們誠懇付出的時間與友誼，我無比感激。韋恩提供了與訴訟有關的所有細節，凱莉更蒐集了許多雙胞胎珍貴的美術作品、日記與學校紀錄。這段過程對他們而言並不容易，尤其是妮可與喬拿斯，但他們終究成長為兩位善良、聰明的成年人。阿薩・亞當斯小學的麗莎・爾哈特和諾曼・史貝克醫生提供了不少有用的觀點，此外，同志倡議與捍衛組織（GLAD）的律師珍妮佛・拉維和班奈特・克連也幫助我釐清訴訟相關的許多細微之處。我尤其要感謝珍妮佛在中間牽線，我才有機會知道梅因斯一家人的故事。我親愛的朋友珍恩・麥克伊諾尼醫生提供了許多資訊與建議，在幫助我理解跨性別議題的過程中居功厥偉。我的妹妹伊娃・奈斯最後替我審閱了初稿，辛蒂・托岡斯則針對巴布亞新幾內亞的文化給了我不少建議。

最後能夠將此書交由藍燈書屋出版，我深感榮幸，也獲得許多協助，對於我所敬重的編輯大衛・埃博蕭夫，我只能獻上無限感激。他作為導師、編輯、作者和知識分子的才華可說底蘊深厚，如果沒有他，這本書的層次不會如此豐厚。我也要感謝第二、三次校對書稿的藍燈書屋「利眼」凱特琳・麥坎納（她身兼數職，連帶幫忙解決了我的電腦問題）和安妮・柴格納，另外也要感謝在時間壓力下長時間工作的所有藍燈書屋的卓越職員：總編蘇珊・卡摩、非小說出版助理湯姆・佩瑞、主編班傑明・捷爾、公關總監莎莉・馬文、行銷總監藍依・馬臣特、書衣美術總監帕歐羅·皮普、版面編輯伊凡·坎普菲爾德、版權編輯米雪爾·丹尼爾、版面經理珍妮佛·貝克、總顧問助理卡洛琳·佛利以及封面攝影凱麗·坎普。為此書貢獻良多的還包括同性戀反歧視協會（GLAAD）的跨性別媒體總監尼克·亞當斯。我還要特別感謝波士頓醫學大學分子醫學副教授兼內分泌學家約書亞·塞佛，以及舊金山的泌尿外科重建兼整形外科醫生科提斯·克雷恩。

我也要感謝《華盛頓郵報》的執行編輯馬堤·貝倫，我在二〇一四年九月加入報社，在此之前，他多給了我兩個月時間完成這本書。最後，感謝我總是全力以赴的經紀人溫蒂·史卓斯曼，以及我的親朋好友，尤其是在二十五年前帶我走入寫作這行的潔恩·沃夫，感謝你，斑比。

引用資料

本書中大多內容取材自數百小時的訪談紀錄，對象包括梅因斯一家、醫生、律師、他們的親朋好友、阿薩·亞當斯小學的麗莎·爾哈特及其他相關人士。承蒙梅因斯一家傾力相助，作者得以從各種私人文件、日記、醫療紀律、法庭證詞、照片、影音以及韋恩·梅因斯尚未出版的自傳中取得各種資料。部分事件則是作者親眼目睹後的記錄。

詞彙解釋

理解何謂性、性別及性取向

生理性別（SEX）：人被分類為男性與女性。嬰兒一出生，就會因為外在生理結構被確立生理性別。不過生理性別其實是許多身體特徵的綜合結果，包括染色體、荷爾蒙、內在與外在生殖器官及第二性徵。

性別認同（GENDER IDENTITY）：一個人內心深刻認同的性別。對於跨性別者而言，他們內在的性別認同與出生時被確立的生理性別不同。大部分人的性別認同是男性或女性（男孩或女孩），但對某些人而言，這種分類無法精確描述他們的認同。性別認同和性別表現（見以下詞條解釋）不同，無法從外觀辨識。

性別表現（GENDER EXPRESSION）：根據性別認同所表現出的外顯表現，包括姓名、代名詞、衣著、髮型、行為、聲音或身體特徵。社會將這些表現辨識為男性化或女性化的信號，不過隨著時間演進或文化不同，這類信號也不見得全然相同。比較典型的狀況是，跨性別者希望表現出符合性別認同的性別表現，而不是他們出生時被確立的生理性別。

性愛取向（SEXUALORIENTATION）：描述一個人身體、情緒受到另一個人吸引，並產生浪漫愛感受時所產生的分類。性別認同與性愛取向不同。跨性別者可能是異性戀、同性戀或雙性戀。舉例來說，如果一個人從生理男轉變為生理女，並只受男人吸引，那她的認同便是異性戀女。有些人屬於無性戀，代表男人與女人都無法對他們產生性吸引力。

其他術語

跨性別（TRANGENDER，形容詞）：這是一種概括性術語，只要性別認同及╱或性別表現與其生理性別中大眾所普遍認定的意涵有所不同，都被含括於其中。包含在這個概括性術語之中的人，可能會用一個或一個以上的術語描述自己——也包括跨性別。部分術語會被詳列於下，每個人能選用適合的詞彙來描述自己。為了改變身體，許多跨性別者會由醫生開立荷爾蒙，有些跨性別者也會進行外科手術，但並非所有跨性別者都能夠、或選擇這麼做，所謂的跨性別認同也不是奠基於醫療程序。

變性（TRANSEXUAL，形容詞）：這個詞彙歷史比較悠久，源自於醫療及心理學社群，許多透過醫療程序（包括但不限於荷爾蒙及╱或外科手術）接受永久改變手術的人——或者正打算這麼做的人——傾向以此自稱。與跨性別一詞不同，變性不是一個概括性術語。許多跨性別者並不認同自己是變性者，因此傾向使用跨性別一詞。如果想知道對方想被如何稱呼，最好直接向本人確認。如果對方屬意「變性」這種說法，請將其當作形容詞使用：變性女或變性男。

跨性別男（**TRANSGENDER MAN**）**：**如果出生時被確立為生理女性，但性別認同為男性，也以男性姿態生活，通常會以此詞彙描述自己。有些人會使用「女跨男」（FTM，female-to-male）這種說法。有些人則傾向直接被分類為男人（men），前面不加任何修飾語。

跨性別女（**TRANSGENDER WOMAN**）**：**如果出生時被確立為生理男性，但性別認同為女性，也以女性姿態生活，通常會以此詞彙描述自己。有些人會使用「男跨女」（MTF，male-to-fwmale）這種說法。有些人則傾向直接被分類為女人（women），前面不加任何修飾語。

易裝者（**CROSS-DRESSER**）**：**任何人都可以穿著與生理性別不同的服飾，但「易裝者」主要用來指稱穿戴文化上屬於女性的衣物、妝容和首飾的異性戀男人。這是一種性別表現的行為，目的不是為了娛樂。易裝者並不希望永遠改變性別，或者始終保持女性姿態生活。此詞彙取代了過往的「扮裝者」（transvestite，譯註：此舊稱帶有精神病態性易裝行為之貶意）。請注意：跨性別女並非易裝者或易裝皇后。易裝皇后是男人，通常是男同性戀，他們打扮的目的是為了娛樂。請仔細分辨跨性別女、易裝者和易裝皇后之間的差異。

過渡（TRANSITION）：改變一個人出生時的性別需要經過許多階段，這段過程時間很長，而且內容很複雜，其中包括以下部分或所有的個人、醫療與法律更動程序：向家人、朋友和同事出櫃；開始使用不同的姓名及代名詞；改變穿著；改變法律文件上的姓名及／或性別；荷爾蒙療程；接受一種或多種外科手術（非必要）。精確的過渡階段隨每個人的狀況而有所不同。請避免使用「變性」這種說法。

性別重建手術（SEX REASSIGNMENT SURGERY，SRS）：用來指稱由醫師主導的醫療干預手段，只是「過渡」的一小部分（詳情請見以上「過渡」詞條）。不是每一位跨性別者都會選擇進行手術，另外也有人負擔不起。現在大家比較傾向使用的詞彙是「性別確認手術」。

性別不安（GENDER DYSPHORIA）：二〇一三年，美國精神醫學學會（American Psychiatric Association，APA）出版了《精神疾病診斷與統計手冊》第五版（Diagnostic and Statistical Manual of Mental Disorders，或稱DSM-V），其中以「性別不安」取代過時的「性別認同障礙」（Gender Identity Disorder）一詞，並改變了診斷標準。其實是否該採取心理診斷仍有爭議，畢竟無論諮詢心理或醫療機關，針對性別不安的建議都是個人化的荷爾蒙及／或外科手術療程。部分跨性別運動者認為，將性別不安含括於《精神疾病診斷與統計手冊》是必要之舉，這樣跨性別者在面對必要的醫療程序時才能享有健保給付。

順性別者（CISGENDER）：用來描述跨性別者以外之人的詞彙。「順（cis-）」是拉丁文字首，代表「在同一邊」，是「跨（trans-）」的反義詞。普遍而言，「非跨性別者」（non-transgender）是目前比較廣為理解的說法。

性別非常規（GENDER NONCONFORMING）：用來描述性別表達不符合傳統「男性化」與「女性化」想像的人。性別非常規者不必然是跨性別者；跨性別者也不必然是性別非常規者。許多人的性別表現並不完全符合傳統期待，但單靠此點並不代表他們就是跨性別者。許多跨性別男與跨性別女的性別表現符合傳統「男性化」與「女性化」的想像。因此，跨性別者不必然是性別非常規者。此詞彙並非「跨性別」或「變性」的同義詞，而且只有在本人自我認同為「性別非常規者」時才可使用。

性別酷兒（GENDERQUEER）：有些人的性別認同／性別表現落在「男人」與「女人」的框架之外，他們或許會將性別定位在男人與女人之間，或者完全跳脫這種分類。此詞彙並非「跨性別」或「變性」的同義詞，而且只有在本人自我認同為「性別酷兒」時才可使用。

間性（INTERSEX）：此詞彙用來取代過時的「雌雄同體」（hermophrodite）。間性人出生時的許多生理徵狀導致生理性別不明。他們的外生殖器及／或內生殖器官可能同時帶有男性及女性的特徵。間性運動者正呼籲醫療機構停止以手術強制間性嬰兒符合傳統性別分類。常見狀況是：醫生做出選擇，以手術確立嬰兒性別，但此性別並不符合孩子長大後發展出的性別認同。

改寫自同性戀反歧視協會（GLAAD，Gay and Lesbian Alliance Against Defamation）的媒體參考指南（9.1版，2015.05）

變身妮可：不一樣又如何？跨性別女孩與她家庭的成長之路 / 愛彌．埃利絲．諾特 (Amy Ellis Nutt) 著；葉佳怡譯 .-- 初版 .-- 臺北市：時報文化，2017.04
面；　公分 .--（文化思潮；6）
譯自：Becoming Nicole : the transformation of an American family
ISBN 978-957-13-6967-9（平裝）
1. 變性人 2. 報導文學

544.75　　106004157

ISBN 978-957-13-6967-9
Printed in Taiwan

文化思潮 006

變身妮可 不一樣又如何？跨性別女孩與她家庭的成長之路

Becoming Nicole: The Transformation of an American Family

作者　愛彌．埃利絲．諾特 Amy Ellis Nutt｜**譯者**　葉佳怡｜**副主編**　陳怡慈｜**特約編輯**　王金喵｜**責任企畫**　林進韋｜**美術設計**　許晉維｜**內文排版**　王金喵｜**董事長．總經理**　趙政岷｜**總編輯**　余宜芳｜**出版者**　時報文化出版企業股份有限公司　10803 臺北市和平西路三段 240 號 4 樓　**發行專線**——(02)2306-6842　**讀者服務專線**——0800-231-705．(02)2304-7103　**讀者服務傳真**——(02)2304-6858　**郵撥**——19344724 時報文化出版公司　**信箱**——台北郵政 79-99 信箱　**時報悅讀網**——http://www.readingtimes.com.tw｜**法律顧問**　理律法律事務所　陳長文律師、李念祖律師｜**印刷**　盈昌印刷有限公司｜**初版一刷**　2017 年 4 月｜**定價**　新台幣 360 元｜行政院新聞局局版北市業字第 80 號｜**版權所有　翻印必究**（缺頁或破損的書，請寄回更換）

時報文化出版公司成立於一九七五年，並於一九九九年股票上櫃公開發行，於二〇〇八年脫離中時集團非屬旺中，以「尊重智慧與創意的文化事業」為信念。